LE COACHING DES VENDEURS

Menez votre équipe au succès

Éditions d'Organisation
1, rue Thénard
75240 Paris Cedex 05
www.editions-organisation.com

© Éditions d'Organisation, 1997, 1999, 2001
ISBN : 2-7080-2673-3

ANDRÉ BERNOLE

LE COACHING DES VENDEURS

Menez votre équipe au succès

Préface de Dominique XARDEL

Troisième édition

Éditions
d'Organisation

En remerciement
et hommage à tous les vendeurs
pour ce qu'ils ont apporté à ce livre,
et pour leur courage de chaque jour !

SOMMAIRE

OBJECTIFS : *Accroître connaissances et* COMPETENCES...
Mais aussi améliorer le MORAL.

ANNEXES

PRÉFACE

Encore un livre sur la vente ?

La vente, c'est l'action, pas l'écriture !

Et pourtant... pour agir de façon efficace, le temps de la réflexion n'est pas inutile. C'est la raison de cet ouvrage, préparé par un praticien de la vente, qui est aussi depuis des années formateur de quantité de vendeurs, de futurs professionnels de la vente, mais aussi de responsables, dans des entreprises souvent de taille modeste, pour lesquelles la réussite commerciale prime tout. André Bernole a écrit un livre concret, pratique, utile et sans fioritures. Une réflexion frappée au coin du bon sens, des exercices ou des conseils que tout responsable peut apprécier au fil de sa propre expérience. Récit plein d'anecdotes, qui en font une lecture facile et plaisante.

Dans l'action commerciale d'aujourd'hui, il est tentant de se laisser emporter par l'enthousiasme devant les ressources des bases de données, ou les facilités de communication du réseau Internet. Certes, mais le face à face avec le client reste une réalité bien vivace, et pour encore longtemps !

Le vendeur d'aujourd'hui a davantage de connaissances et de compétences techniques, en matière de gestion, dans l'utilisation de l'outil informatique. Mais il est, par la nature de son travail, exposé à l'échec, au découragement, ou au stress de l'action, tout en ayant l'obligation d'une organisation méthodique, d'une maîtrise des argumentaires, d'une connaissance de ses clients et de son territoire sans lesquelles son efficacité est forcément remise en question. Vulnérable, fragile, susceptible, individualiste mais ayant aussi besoin de faire partie d'une équipe qui le soutient ou le stimule, telles sont les caractéristiques du vendeur. La performance d'une équipe de vente tient non seulement à la qualité de ses membres, mais surtout à l'attitude, le professionnalisme et l'intelligence – et pourquoi pas le courage ! – de celui ou celle qui la dirige.

Comprendre, former, créer l'enthousiasme, gagner sont quelques-unes des étapes d'un métier, ou plutôt d'un ÉTAT D'ESPRIT qui concerne maintenant toutes les professions.

En permanence, les entreprises, petites ou grandes, sont confrontées au même problème : trouver des clients et savoir les garder.

Agir vite et juste est devenu une obligation incontournable. Travailler vite, répondre aux attentes ou réclamations des clients, livrer, affronter l'imprévu, avec toujours la rapidité qui permet de rester compétitif. Autrement dit, ne pas décevoir et donc garder la confiance et la fidélité du client. Avec, en plus, un plaisir évident dans l'action. Ce sont là les cinq caractéristiques (*) de toute entreprise, donc de tout vendeur, qui veut vivre ou simplement survivre aujourd'hui.

Pour agir vite et bien, simplifions ! L'informatique est là pour le faire. Et pour transformer le métier du vendeur, désormais plus autonome, mais en même temps membre de réseaux plus accessibles à la fois par l'entreprise et par le client.

Voilà les données du problème. Ce livre voudrait contribuer à les résoudre.

Dominique XARDEL.

(*) Fast, Flexible, Focus, Friendly and Fun (R. Moss KANTER, Harvard Business School)

AVANT-PROPOS

Vous êtes, pour une journée, avec un groupe de plus de trente vendeurs d'une entreprise. D'une très grande entreprise, même, ou plutôt d'une des multiples divisions de cette grande structure. Toute l'Europe est présente. L'établissement hôtelier correspond au prestige de ce grand groupe : la salle est immense et vous travaillez sous des plafonds dorés, aux lustres de cristal, entouré de meubles signés, ou qui pourraient l'être. Le tableau de papier, le rétroprojecteur, l'écran, ont dans ce cadre un air d'anachronisme. La chère fut splendide, bien que très « nouvelle cuisine ».

Le niveau du groupe aussi est exceptionnel : chacun est lourdement diplômé, et l'aréopage forme un véritable échantillon de l'ensemble des Grandes Ecoles et des grands diplômes européens, tant scientifiques que de gestion.

Conseil d'entreprises, c'est presque par hasard que vous êtes là : un ami, excellent publicitaire, chargé dans son agence du compte de cette grande entreprise, vous a téléphoné il y a deux jours : « Viens avec moi, j'ai besoin de ton avis. Cette division a tout pour réussir, et ça ne marche pas ; tu connais les vendeurs, tu les comprends, tu sais "sentir" le terrain, tu me diras ce que tu en penses ».

L'équipe marketing et votre ami ont en effet, pour les produits « cœur de gamme » de la division, conçu des outils pour aider à vendre une amélioration technique importante, que le service juridique a réussi à déposer ; pour un temps au moins, voilà une exclusivité qui va permettre de conquérir quelques parts du marché européen ! Parmi les outils, une plaquette, bien conçue, traduite dans les différentes langues, vous semble être un document de travail efficace pour découvrir avec le client les avantages que lui apporte notre produit. Tout ceci est expliqué clairement, avec les démonstrations nécessaires, dans la première partie de la réunion. Ensuite, pour que les vendeurs expriment avis et suggestions, ils sont répartis en petits groupes.

Mais une fois synthétisés les travaux des groupes de vendeurs, les conclusions sont moins optimistes. Selon les rapporteurs, qui nous présentent des remarques de leurs collègues, l'avancée technique n'intéresse pas du tout les clients ; leur seule préoccupation est le prix, et il est hors de question de vendre si nous ne baissons pas le tarif. Prospecter ne sert qu'à faire chuter les marges, car, dans ce marché, chaque fois qu'on prend un client à la concurrence, il faut « payer son entrée » (un d'entre eux explique même que pour cette raison il se garde bien de vendre à de nouveaux clients).

Quant à la publicité, ce serait le seul moyen de conquérir ce marché, si seulement on y mettait vraiment les moyens : spots à la télévision, sponsoring grandioses... Mais la plaquette qui vous donnait envie de la travailler avec le client : « Son seul usage possible, c'est d'en faire un mailing. »

Vous avez le sentiment irréel d'assister à une réunion des acheteurs des clients, essayant de vous convaincre de vous saborder, pour accroître leurs propres marges !

(Pour un exemple de redoutable tactique d'acheteur, voir en annexe le cas de vente N° 3).

Dans beaucoup d'entreprises, la situation est analogue : les éléments techniques, marketing, etc. sont satisfaisants, voire excellents. Seul le chiffre d'affaires est décevant. Il ne risque pas d'être bien fameux, avec des vendeurs qui **n'y croient pas** !

Est-ce à dire que les vendeurs de cette grande entreprise sont des « mauvais » ? Sûrement pas, et sûrement pas tous. Deux d'entre eux par exemple sont repartis, la malle de la voiture encombrée de cartons de plaquettes, vous expliquant sur le parking : « Oh, chez nous c'est différent, les prospects ne sont pas comme ça. Avec nos clients, ce type de documents est bien utile. Les collègues, eux, sont sur des marchés où les comportements sont à l'opposé ! »

Mais pendant le repas vous avez été voisin du chef des ventes. Vous avez exprimé votre admiration devant sa capacité à diriger un nombre aussi considérable de vendeurs, et celui-ci a répondu : « Heureusement que je n'ai pas à les diriger ! Vous avez vu le niveau de chacun, ils n'ont certes pas besoin de cela. De toute façon tous les vendeurs sont bien trop indépendants pour pouvoir être dirigés. L'essentiel de mes fonctions, c'est d'être l'interface avec la direction, de transmettre leurs observations sur le terrain. ».

PERSONNE ne dirige ces vendeurs !

Votre ami publicitaire vous explique que, dans cette grande entreprise, le « parcours » d'une carrière impose un passage à ce poste ; deux ans en principe. Chaque nouveau chef des ventes, bien évidemment, répète ce que faisait son prédécesseur.

Combien de vendeurs sont ainsi peu, voire pas dirigés ! La vente ressemble par bien des aspects à un sport. Quelle que soit la discipline, l'équipe de France est composée des joueurs les plus talentueux, souvent eux-mêmes capitaines dans leurs clubs respectifs : est-ce pour autant qu'ils n'ont pas besoin d'un capitaine, d'un entraîneur, lorsqu'ils portent le maillot tricolore ?

Or les résultats en cause sont d'importance :

Quelles parts de marché une équipe comme celle évoquée pourrait-elle gagner si elle était bien dirigée ?

Combien de points de marge pourrions-nous engranger si l'équipe, au lieu de se plier aux diktats du client, se battait vraiment ?

Ces chiffres donnent parfois le vertige !

Et chez vous, dans votre entreprise ?

Certes, il est exceptionnel qu'une équipe ne soit pas du tout dirigée. Mais les fonctions de chef des ventes (quel qu'en soit le titre) exigent bien des qualités.

Des qualités conceptuelles, car la liaison avec les services techniques, ainsi que le marketing, les finances, l'informatique, et avec la direction de l'entreprise obligent à une certaine hauteur de vue, à une forte culture générale.

Des qualités d'homme d'action, comme le courage, l'enthousiasme, la curiosité, le goût et le sens des contacts humains ; de la psychologie, et... du bon sens, que diable !

Et, par dessus tout, cela demande du TEMPS.

Vous trouvez donc dans cet ouvrage, si vous êtes déjà un chef des ventes « expert » (voir la définition de l'expert dans le chapitre *Former*) un rappel des points essentiels de votre fonction. Un recueil d'idées, et des « comment », des pistes, pour aider à résoudre les difficultés qui dévorent votre temps.

Vous n'êtes pas chef des ventes ? Puisse cette lecture vous donner envie de le devenir !

Ce ne sont pas les grandes armées
qui remportent les batailles.
Ce sont les bonnes.
(Maurice de Saxe, 1757)

Chapitre 1

COMPRENDRE VOTRE ÉQUIPE

« Le » piège : se projeter

Vous dirigez votre équipe de vente. Vous êtes PDG, ou dirigeant de votre entreprise ; peut-être possédez-vous une part – importante – du capital ? ; et vous vous occupez en direct de ceux qui génèrent votre chiffre d'affaires, aidé de votre fidèle secrétaire. D'ailleurs vous aimez cela ; peut-être aviez-vous, autrefois, fait vos premières armes dans l'entreprise en tournant chez les clients ? Ah ! Le client de Lyon – ou de Bayonne, ou de Lille – vous savez, celui qui portait toujours un costume trois-pièces et dont les lettres fleuraient le siècle passé : Votre honorée du 5 courant a retenu toute notre attention... Oui, Oui... mais... mais ce client-là, comme tous ses contemporains, est à la retraite depuis longtemps. Il n'a pas connu la préretraite, ni le fax, ni la concurrence des importations sauvages, ni les flux tendus, ni même le mini-tel, et encore moins l'infinie bibliothèque ou l'accès immédiat à tous les sites marchands du Web... C'est évident ! Quant aux formidables logiciels qui équipent aujourd'hui les « call-centers », si à la mode (Non ! si... tendance !) pour le CRM (Customer Relation Management...), auriez-vous cru à leur invasion, il y a seulement quelques années ?

Et pourtant, comme il est difficile de faire abstraction de ces souvenirs, ALORS QUE VOTRE ÉQUIPE SE BAT DANS UN MONDE TOTALEMENT DIFFÉRENT.

La vente ressemble par bien des aspects au rugby. Il y a bien long-temps, Puig-Aubert, notre champion du jeu à 13, osait tenter un coup franc des 50 mètres et le réussissait ; le lendemain, l'événement faisait la une de l'ÉQUIPE... Aujourd'hui, n'importe quel club de niveau moyen a dans ses rangs un buteur qui sera sifflé s'il échoue depuis ce milieu du terrain ! Pour votre équipe l'écart entre les performances est du même ordre : le nombre des visites quotidiennes, la valeur de la commande moyenne, le pourcentage des rendez-vous... TOUT est très supérieur, et très différent de ce que l'on attendait d'un vendeur il y a seulement quelques années. Là se trouve une des raisons de bien des malentendus.

Ou bien vous êtes ce chef des ventes, homme de valeur issu du terrain qu'il adore, qui raconte : « Il faut lire, se tenir au courant... Moi, j'ai toujours été abonné à des revues, j'ai toute la collection des livres sur les techniques de vente, j'intriguais pour participer à tous les séminaires possibles »... Lui, sûrement. C'est même probablement POUR CELA qu'il est aujourd'hui à ce poste. Mais de là à déduire que les vendeurs, vos vendeurs, sont tous capables de s'autoformer, et de s'autodiriger, il y a un pas et même un abîme !

Ou encore vous êtes ce jeune chef de secteur, récemment promu. Après de solides études, d'ingénieur par exemple, ou peut-être un BTS, qu'importe, vous êtes rentré dans le monde de la vente. Vous y êtes venu par goût, vous vouliez être vendeur depuis toujours ; ou plus souvent par les hasards de la vie, votre candidature acceptée alors que les services techniques, ou marketing, dont vous rêviez recrutaient moins . Vous avez découvert que ce métier vous plaisait, vous passionnait même, alors vous avez commencé à travailler. A travailler beaucoup, mais avec une joie que vous n'auriez pas imaginée ; pour aller en cours, sortir du lit à 8 h était une vraie galère, et là vous vous êtes habitué à un horaire bien plus matinal, presque sans effort. Les sorties en boîte jusqu'à l'aube se sont espacées, d'autant que vous vous sentiez moins proches de vos « copains » qui, eux, ne vous compreniez plus. Et les résultats ont progressé ; en deux ans, vous êtes monté au niveau des meilleurs. C'est après tout cela que vous avez été nommé à ce poste ; vous avez vite découvert que les relations avec les vendeurs n'étaient plus les mêmes ; en tournant avec l'un ou l'autre vous avez été étonné de découvrir bien des détails perfectibles. C'est pourtant normal ; si vous avez été choisi pour ce poste, vous avez sûrement montré des qualités, que les autres n'ont pas. Vous avez essayé de les convaincre de progresser en leur montrant comment vous pratiquiez ; vous avez pris quelques belles commandes devant eux, chez leurs clients. Mais vous sentez que cela ne modifie guère les comportements et que, au contraire, votre équipe s'éloigne de vous. Pourtant, si on vous avait tout démontré comme vous avez pris soin de le faire, vous auriez immédiatement sauté sur ces améliorations.

Vous, oui. Eux, non ; ILS NE SONT PAS VOUS.

> *C'est pourquoi il est si important*
> *de* COMPRENDRE *vos vendeurs.*

Ils ne vivent pas dans le même monde que vous.

Les contraintes du métier

L'éloignement

Que le client soit à 13 km de votre bureau, distance déjà grande entre le silo, ou le dépôt, et l'agriculteur ; ou à 10.000 km exportant les chaussures plastiques d'une dynamique PME auvergnate, ne change rien. Ce n'est pas une question de distances. L'important est ce sentiment d'être dans des mondes différents : eux, au siège, « bien au chaud » ; moi chez le client qui refuse..., qui n'admet pas..., et qui exige IMMÉDIATEMENT que... Je transmettrai, bien sûr, mais eux, qu'en feront-ils ? « ILS » ne comprennent pas... « ILS » ne se rendent pas compte... De là à « ILS » s'en fichent... Le pas est vite franchi ! Cette sensation d'incompréhension conduit vite à un certain détachement vis-à-vis de l'entreprise où le vendeur se sent... à part. « Ah ! Si seulement le chef des ventes venait tourner avec moi, ici. Là il verrait ! (Vous avez noté, LE chef des ventes, pas MON chef des ventes...). Mais ici (à Strasbourg ou à Loudéac), je suis toujours le dernier informé, et mes clients les derniers servis. » Et quel que soit le degré d'avancement de cette maladie, votre vendeur est persuadé que ICI, C'EST DIFFÉRENT ! Ce nouveau produit, il marche bien à Paris, mais ici, à Perpignan, le marché est complètement à part. Les Catalans, vous savez... La caricature, affirmée avec sérieux et conviction, étant que « la clientèle du 11ᵉ arrondissement, c'est pas du tout la même chose que celle du 12ᵉ ».

Vous n'arriverez pas à le convaincre que traverser une rue de la largeur du faubourg Saint-Antoine ne modifie pas le climat à ce point. Il a foi en cette croyance, il en est imprégné.

> *Mais vous pouvez au moins créer, ou développer,*
> ### le SENTIMENT D'APPARTENANCE
> *à l'équipe de vente, à l'entreprise.*

C'est l'une de vos priorités.

La solitude

Dans beaucoup de métiers, nous sommes ensemble. Sur le bureau d'à côté, ou dans la pièce voisine, travaille le collègue avec lequel nous déjeunerons à la cafétéria, en échangeant les dernières nouvelles de l'entreprise, ou les commentaires sur le match d'hier soir.

Votre vendeur, lui, est seul. Seul dans sa voiture. Seul face au client. Seul au déjeuner, au dîner. Seul le soir, en dépit de la réputation de charmeurs de beaucoup d'hommes ou de femmes de la vente. Avez-vous récemment dîné dans ces hôtels de « pros », Novotel ou Campanile (cela dépend de vos frais de route), un soir de semaine ? Ces tables d'une personne, où votre vendeur avale, seul, le plat spécial du jour, arrosé d'une demi-Volvic, en parcourant le journal ? Ou encore ces mêmes tables désertées pour aller rejoindre, seul, le match de ce soir sur Canal + dans sa chambre ?

Pendant cette solitude, l'appel téléphonique à la maison : les nouvelles des enfants, et toutes les banalités si importantes quand on est loin... Et puis : « Au fait ! Il y a ENCORE une lettre de TON Entreprise... ILS veulent que tu... ». Vos contacts sont donc filtrés, analysés, déformés, parfois oubliés, par le deuxième chef des ventes : ELLE... Nous verrons plus loin comment impliquer ce personnage si important pour l'équilibre de votre vendeur, donc la bonne santé de votre chiffre d'affaires ! Bien sûr si vous avez à diriger des femmes ce deuxième chef des ventes sera LUI ; mais elles sont, pour l'instant, minoritaires dans nos équipes, et par commodité nous utiliserons ELLE pour désigner cet acteur invisible.

Tout ceci laisse le temps de penser, et surtout lorsque l'on est fatigué – et la vente, oui, c'est fatigant ! – les réflexions virent vite au sombre, et même au noir. Votre vendeur commence à se faire des idées, rarement souriantes : « S'il m'a écrit qu'il veut tel état sur tel produit, c'est sûrement que c'est grave... » ; voire dans les cas extrêmes : « Ils avaient demandé quelque chose de ce genre à Untel, il y a trois ans, juste avant de le mettre à la porte... ». Tout est ainsi amplifié, souvent dramatisé. Et pourtant demain matin il faudra aller vendre, défendre l'entreprise, se battre...

Soutenir le moral de vos troupes est primordial. C'est la première de vos fonctions. Or si les Anglo-Saxons excellent dans cet art, qu'ils perçoivent comme essentiel (tous, nous avons vu la photo d'« Ike » Eisenhower serrant la main des parachutistes aux visages noircis, prêts à s'envoler pour le Jour J), nous, Français, nous laissons ce point très souvent à l'arrière de nos soucis. Il est vrai qu'il s'agit d'un effort quotidien, affaire de contact, d'écoute, d'implication, moins rationnel donc apparemment moins... urgent que d'autres tâches plus glorifiantes, mais combien moins IMPORTANTES. Entretenir le moral – C'est la première raison d'être du chef des ventes.

> *Qu'avez vous FAIT, AUJOURD'HUI,*
> *pour le MORAL de votre équipe ?*

Car le client, lui, par de multiples coups d'épingles, se charge de le dégonfler, ce moral.

Les défenses du client

Le client qui nous accueille peut être sympathique et chaleureux, ou distant et grognon ; mais tôt ou tard il se défendra avec une vigueur proportionnelle à sa valeur. En effet, pensez au nombre de vendeurs qui le sollicitent : vos collègues directs, mais aussi les multiples équipes commerciales qui chaque jour lui proposent tant d'offres variées ! Et parmi tout cela, des produits valables, venant d'entreprises sérieuses ; d'autres plus discutables, avec des vendeurs peu fiables. Un groupe d'acheteurs de la CCM (Commission Centrale des Marchés) estime à moins d'un sur deux le nombre des vendeurs à l'heure à leurs rendez-vous, ce qui est pourtant une correction élémentaire, et ce n'est qu'un exemple. Il est donc obligé que notre client refuse, repousse, écarte. Le client, c'est monsieur NON : NON, nous verrons plus tard ! NON, je n'ai pas tous les éléments ! NON, je n'ai pas le temps ! NON, pas de budget cette année ! NON est sa devise.

Pour se défendre, il dispose de sa ligne Maginot : le filtrage des communications, l'attente dans l'antichambre, le renvoi à un autre responsable – le seul bien sûr qui puisse prendre la décision – etc. Mais comme chacun sait, la meilleure défense est l'attaque ; il va donc attaquer, le bougre, suivant trois axes éternels :

• **Le produit au sens strict** : Vous pensiez, vous qui l'avez choisi, conçu, fabriqué avec passion qu'il était parfait, enfin, presque ! Eh bien, non ! Il est trop mince ou trop épais, trop lourd ou trop léger, trop coloré ou trop fade... Mais surtout il y a chez untel, votre concurrent et ennemi d'en face, le même produit mais qui a en plus, là , un détail bien mieux adapté. Et arrive le refrain : « ah ! chez untel ! ». Il est curieux d'observer combien la majorité des vendeurs sont perturbés par la simple mention du nom du concurrent, y compris physiquement : un léger raidissement, la voix un peu plus tendue, une avancée sur le siège ; l'acheteur même peu expérimenté sait immédiatement qu'il a touché. Soyez assuré qu'il y reviendra.

• **Le produit au sens large**, avec tous les services qui l'accompagnent : la livraison, jamais à l'heure !, l'emballage, fragile et peu pratique !, la facturation, erronée et incompréhensible !, l'accueil téléphonique, désagréable* ! Suit l'habituel refrain : « ah ! chez untel ! »

Si ces deux axes n'amènent pas votre vendeur à la raison, la raison du client évidemment, l'arme absolue qu'est le troisième va emporter le succès :

• **Le tarif.** Vous êtes cher ! Pas de beaucoup, parfois, mais sur l'ensemble, cela fait un gros écart. Et avec le budget, et la conjoncture...

---

* Pour optimiser cette véritable vitrine de votre entreprise qu'est le téléphone, voir l'excellent ouvrage « Mieux utiliser le téléphone » par S. de Menthon, les Éditions d'Organisation.

Vous connaissez le refrain : « ah ! chez untel ! ». Et en plus, ils ont, eux, des délais de paiement, 180 jours fin d'année prochaine, pas moins. Et des remises qui, en cumulé, font un total de...

Naturellement, en lisant ceci, nous en sourions. Tout cela est si naïf, si évident. Mais votre vendeur, lui, entend ces refrains chaque jour, et dix, vingt, trente fois par jour. Et à force, eh bien, oui, il finit par le croire. Il ne croit plus ni en votre produit, ni en votre entreprise, ni parfois en lui-même. Et évidemment pas davantage en son chef des ventes, vous. Lorsque ce stade est atteint, il arrive qu'il ne transmette plus grand-chose à l'intérieur : il n'a plus confiance. C'est le vendeur désabusé, systématiquement négatif, dont vous devinez les résultats. Pour déceler ce stade, souvent un signe est visible : votre vendeur est-il fréquemment porte-parole du client vers votre entreprise ? Si vous entendez souvent : « Je sais bien que ce n'est pas la règle, mais dans le cas de monsieur Michu, il faut faire une exception... son chiffre d'affaires... sa fidélité... son prestige... et tous les contacts qu'il a dans la profession. ». Posez-vous des questions. Non, pas sur lui, SUR VOUS. Etes-vous certain de le diriger ? Est-ce un cas isolé, vous avez peut-être mal recruté ? Si toute votre équipe a ce même comportement, c'est plus grave encore.

Vous avez une équipe qui investit son énergie pour être l'avocat du client auprès de votre entreprise, alors que vous les payez plutôt... pour l'inverse !

> *Un de vos objectifs essentiels est d'obtenir l'adhésion*
> *à votre entreprise, votre politique, vos produits ...*
> *Vendre, c'est y croire, toujours y croire.*

Mais pourquoi ces hommes, ou ces femmes, aiment-ils ce métier difficile et contraignant ?

La psychologie des vendeurs, leurs « motivations »

Partir

« Travailler de 8 h à 12 h et de 14 h à 18 h ? Non merci, pas moi ». Voilà bien résumé l'avis des vendeurs sur les emplois « normaux ». « Ce que j'aime dans ce métier, c'est la liberté. Se promener, entre deux clients, au milieu de la forêt, au-dessus de la plaine noyée de brouillard, quel plaisir ! Tu vois, celui qui est dans les bureaux ne connaît pas ces moments fantastiques ». Claude, qui vous confie ces sensations, est depuis 9 h debout, sans un instant pour s'asseoir, sur le stand au salon de la profession, fermeture ce soir à 22 h, dans l'atmosphère agitée, avec le brouhaha de la foule comme bruit de fond. Qu'il est loin le bruissement du vent dans les sapins enneigés...

Mais vous voilà prévenu : ne touchez pas à cette liberté, qui est plutôt un sentiment qu'une réalité. Les vendeurs ont un besoin physique de bouger, de sortir. Rester immobile est pour eux contraignant, fatigant : voyez comme ils s'agitent en réunion ! Promu, et il le méritait bien, à un poste au siège, ce grisonnant ex – as de la vente, dans le superbe bureau d'une tour de verre à La Défense : « Dès que j'ai passé deux jours là-dedans, avec l'air conditionné, la cafète en bas, et ces quatre murs, je n'y tiens plus. Il faut que j'aille faire un tour chez un client ».

Ils ont l'envie des nouveaux horizons, des situations imprévues, des rencontres différentes. De partir. C'est pour cela que parmi tous les prix des concours de vente, les voyages font toujours un succès . Méfiez-vous, en revanche, de ces équipes qui passent au siège chaque matin, et sont encore à 10 h et plus en train de remplir, à la perfection, quelque document évidemment urgent... Sont-ils réellement des vendeurs ? Il existe sûrement des vendeurs excellents qui aiment les papiers, mais combien en avez-vous rencontré ?

> *Aidez-les à partir. Limitez les tâches administratives.*
> *Respectez leur liberté et leur autonomie.*

Gagner

Ils aiment la compétition. Se mesurer, voir quel est leur niveau, se prouver à eux-mêmes et aux autres, à vous par exemple, qu'ils sont « bons ». Autrefois on pouvait penser qu'il s'agissait d'une sorte de revanche permanente sur les hasards de la vie qui faisait que les vendeurs, souvent peu diplômés, trouvaient là le chemin d'une promotion sociale ; mais aujourd'hui, alors que les équipes sont truffées de Bac + 3 et intègrent de fréquents Bac + 5 et plus, cette explication est insuffisante. En fait, il s'agit plutôt d'un souhait profond d'être jugé, et de juger les autres, sur une vraie valeur. Une valeur qui oublie les anciennetés, les diplômes, les âges, et les sexes. Mais qui se fonde sur deux paramètres : le travail et les résultats. Consciemment ou par hasard, c'est leur choix ; ils aiment ces critères simples et connus de tous, sur lesquels ils peuvent agir. Une des conséquences heureuse : il existe moins de jalousies dans une équipe de vente que dans bien d'autres milieux.

Comme ils pensent avoir bien mérité leurs gains, leurs avantages, ou même leurs privilèges, non seulement ils ne les dissimulent pas mais ils les exhibent, aiment que leur rang soit matérialisé et visible de tous. La voiture, leur voiture, est pour eux l'objet symbole, en même temps qu'un outil de travail. Si vous disposez d'un parc d'entreprise, le choix des modèles est un sujet de grande importance, qui mérite réflexion et même débat avec eux. Ainsi Louis Baudrier, D G de Dynal, coopérative agricole à Loudéac, recueille l'avis de ses chauffeurs avant de décider la marque et le modèle du nouveau camion. Pensez aussi à jouer dans un même modèle des différentes options offertes par les constructeurs automobiles : si vous commencez par le haut de gamme, que pourrez-vous leur offrir de mieux pour marquer leurs succès ? Quant à la punition suprême, à n'utiliser qu'en cas exceptionnel, elle devient évidente : vous informez votre « mauvais » que tant que ses résultats seront ce qu'ils sont, c'est lui qui finira les vieilles « bagnoles » de l'équipe : le modèle sorti il y a quatre ans, 180.000 km au compteur, c'est pour lui, alors que le collègue dont les résultats sont satisfaisants se pavanera au volant de la belle neuve. Vous verrez très vite le résultat : ou bien les chiffres s'amélioreront de façon spectaculaire, ou votre « mauvais » partira ailleurs.

Mais attention à ce traitement de choc ! Car c'en est un.

> *Donnez-leur le moyen de se mesurer – Ils aiment !*
> *Surtout, faites-les gagner : fixez les objectifs pour qu'ils soient atteints.*

Être aimé

Quoi de plus charmeur, de plus séducteur, de plus enjôleur, qu'un vrai vendeur ! Voyez leur arrivée au siège : le tour des bureaux, avec la bise aux adjointes et aux secrétaires – pour les chefs de service, ils osent moins –, et en prime le cadeau rapporté du terroir : le saucisson d'Auvergne, ou les calissons d'Aix. Avec quelle chaleur ils savent accueillir au dîner, quand vous avez la bonne idée de les inviter, les contremaîtres et toute l'équipe technique ! Mais les mêmes seront d'une froideur polaire si tel responsable, les croisant dans quelque couloir, a confié à l'un d'eux : « Vous êtes encore en réunion ? Enfin si cette fois c'est pour apprendre à vendre, tant mieux... Vous en avez bien besoin ! »

Comme tous les affectifs, comme tous les adolescents (car au plan psychologique ils sont adolescents : l'enthousiasme et la déprime, l'identification au Chef – vous – le sens de la caricature, le rêve, etc.) ils sont très sensibles au couple Amour / Haine. Ce qui les rend vulnérables à la tactique de défense du client dite de courtoisie excessive ; vous savez, le client dont ils sont persuadés que « c'est un ami » ; alors qu'un de ces vieux baroudeurs de la vente précisait, lui, « De vrais amis ? tu en as autant dans le métier que dans la vie, moins nombreux que tu ne le crois ».

Enfin, un secret, à ne jamais répéter, qu'ils démentiront vigoureusement : les vendeurs sont des altruistes. Très conscients qu'ils rapportent du travail à l'usine, et même cocardiers s'ils sont à l'export. Quand vous êtes au milieu des sables du Golfe Persique face à la concurrence mondiale, vous subirez d'amers reproches si vous réservez votre vol retour sur une compagnie étrangère « Quoi ? Ici on se bat pour ramener les devises dont on a tant besoin, et toi, tu ne rentres même pas avec Air France ? ». Au siège, en France, ce discours serait perçu comme franchouillard, mais là-bas ils osent l'exprimer. Ce qui veut dire que vous pouvez jouer, comme Winston Churchill, sur « du sang, de la sueur et des larmes ». Vous pouvez – une fois – leur annoncer un travail délicat et détesté comme un déstockage, sans aucune autre satisfaction que le plaisir de l'avoir réussi, car vous ne disposez d'aucun moyen... et qu'il est vital pour l'entreprise.

Vous serez surpris du résultat. La première fois, car bien sûr ce genre d'arme est très vite émoussé. Quant au chef des ventes qui utilise un discours dramatique de ce style chaque mois (Mais si, mais si, ça existe !), son crédit est vite épuisé, et les nouvelles catastrophiques, assorties de « l'obligation de ... » sont saluées d'un « Bof, c'est comme d'habitude, faut pas y faire attention... ».*

> *Aimez votre équipe. Et montrez-le !*

Le facteur temps

Le métier de la vente oblige à réagir dans l'instant : la réponse, même superbe, à l'objection du client, est peu utile si l'idée en vient dans la voiture, lorsque le rideau est tombé et la représentation terminée. Sauf pour utilisation chez le client suivant, mais ceci est une autre histoire. Cette pression permanente finit par donner à vos vendeurs une échelle du temps différente : la semaine est le court terme, le mois le moyen terme et deux ou trois mois le long terme.

Vous dînez au cours d'une session avec les vendeurs d'une PME. Au dîner, on apprend tout, et vous entendez mentionner un concours. Curieux, vous questionnez. « Oui, concours sur le chiffre d'affaires ; pondéré par le nombre de visites, le pourcentage de prospects, etc. » (Aucun des présents n'est en mesure d'expliquer clairement sur quoi porte le

---

* Pour une réflexion simple et tonique sur ce sujet voir : *Le Manager Minute*, de K. Blanchard et S. Johnson, Les Éditions d'Organisation.

concours). « Tu sais où tu en es, toi ? » « J'ai essayé en janvier et février, mais c'est tellement compliqué... » (Nous sommes en mai). « Bof, c'est pas grave, celui qui gagnera sera content, et voilà tout ! »

Et vous entendez que le concours se déroule sur l'année entière, que le prix est « Quand même sympa, une semaine pour deux aux Seychelles ».Voilà une entreprise qui vous dira « Les concours de vente, ça ne marche pas. Nous avons essayé et mis beaucoup d'argent. Tout ça pour rien ! ».

C'est vrai, beaucoup d'argent : mais pas de cœur.

Et monter un concours sur une durée si longue a comme résultat que la récompense, quelle qu'elle soit, apparaît si lointaine qu'elle en perd tout attrait.

Le temps a des dimensions différentes avec l'âge ; souvenons-nous comme les grandes vacances, quand nous avions dix ou quinze ans, semblaient au début si longues que la rentrée ne viendrait jamais. Vos vendeurs vivent, comme les enfants et les adolescents, avec un mental où le temps est plus long, les échéances plus lointaines. Ils sont des sportifs, obligés de se concentrer sur le présent, comme au tennis : il faut oublier le point précédent, gagné ou perdu, pour mettre toute son énergie sur celui à jouer maintenant. Et rien d'autre.

Là, peut-être, se trouve la raison pour laquelle vos vendeurs ont tant de mal à s'organiser ; prendre rendez-vous pour dans six mois, alors que c'est si hors d'atteinte, à quoi bon ! Quand nous atteindrons cette autre vie, on verra. Et l'explication de leur aspect « frimeur », voire flambeur, qui recèle des trésors de générosité. Pourquoi diable être pingre quand demain n'existe pas ? Alors si, en recrutement, votre candidat pose beaucoup de questions sur le régime de retraite, demandez-vous s'il s'agit vraiment d'un vendeur. Surtout si ce candidat a 25 ans !

> *Attention : le temps n'a pas la même valeur,*
> *ni la même longueur, pour un vendeur et pour un administratif.*

A FAIRE...	ÉVITEZ DE...
– **Connaissez,** et cherchez sans cesse à connaître, votre équipe.	– Se projeter : « Si j'étais eux... » Vous n'êtes pas eux.
– **Concentrez** le maximum de votre énergie à **faire vendre.**	– Aller vendre vous-même ; ce n'est plus votre fonction première. Et si vous y allez, soyez conscient que c'est aussi pour vous offrir un petit plaisir. Il en faut !
– **Soyez humble** sur vos qualités de vendeur. Si vous êtes très bon, ils créeront votre « légende » entre eux ; Sinon... ils adoreront vous aider.	– Se mettre en compétition avec votre équipe : chez leurs clients ils sont meilleurs que vous ; ou devraient l'être.
– **Allez avec eux.** C'est sur le terrain que tout se joue !	– Rester « au siège ». Ou alors jouer le « pompier » – celui dont le métier est d'éteindre les incendies, qui ne va en clientèle que pour les catastrophes. Et les laisser aller seuls au « casse-pipe » quotidien.
– **Aimez-les,** et faites-le leur savoir : partagez leurs joies et leurs peines. **Félicitez-les** à chaque occasion. S'il n'y a pas d'occasion, **trouvez-en** !	– « Les engueuler » – Ils sont déjà entraînés par les clients à oublier très vite ce genre de discours.
– **Faites-les gagner** et « contez » partout leurs succès.	– Leur parler seulement de leurs échecs et de leurs insuffisances.
– **Reconnaissez vos erreurs** – et endossez celles de l'équipe. Vous êtes payé pour.	– Rejeter sur eux les échecs.
– **Soyez joignable** pour eux, y compris le soir à 21 h par téléphone. Ils sauront ne pas en abuser si vous savez respecter leur vie personnelle.	– Être tellement pris par votre hiérarchie que votre équipe ne peut plus vous joindre. C'est (peut-être ?) bon pour votre avancement, mais (sûrement !) mauvais pour les ventes.

Chapitre 2

RECRUTER ...ET INTÉGRER

> *Objectifs : trouver, intégrer et obtenir l'adhésion.*

L'importance du recrutement

Tout vendeur incarne, face au client, l'entreprise. Il est votre image, votre ambassadeur. Si, à la Poste, vous êtes accueilli par un fonctionnaire grognon, derrière un guichet blindé, vous direz rarement en sortant : « A 10 h 15, ce matin, il y a à la poste UN employé grognon. » ; vous direz plutôt « A la Poste, ils ne sont jamais aimables. » Nous généralisons ainsi, en mettant dans le même sac les fonctionnaires souriants – il y en a* – et toute la structure, Ministre y compris. C'est injuste, peut-être, mais réel ; et vos clients, de la même façon, assimilent votre entreprise à une unique personne : votre vendeur. Recruter, c'est donc choisir votre image. Celui qui vous ramènera votre chiffre d'affaires. Votre Ambassadeur.

Mais de plus, il s'intègrera dans votre équipe. Qu'apportera-t-il ? Un esprit positif ou de constantes récriminations ? Harmonie et entente, ou jalousie et égoïsme ? Vous le savez, une seule pomme pourrie dans un panier, ou au contraire un équipier de valeur, et les résultats de votre équipe sont bien différents ! Or c'est vous qui en êtes responsable, de ces résultats – vous êtes payé pour – c'est votre tête qui est en cause.

De plus, c'est vous qui aurez à le diriger : il est donc important que vous ayez envie de travailler avec lui, de l'aider à progresser, à gagner.

---

* Il y en a même beaucoup ! Avez-vous constaté, au guichet de votre Poste, l'amabilité très commerciale qui contraste avec l'accueil d'antan ? Même les vitres blindées ont disparu ! Bravo à ceux et celles qui ont mis en place un tel changement.

Quelque part, vous devez ressentir que « C'est celui-là qu'il me faut, je le veux dans mon équipe ». Il est par conséquent obligatoire d'avoir la décision dans votre recrutement. Vous avez la chance d'être dans une entreprise assez importante pour qu'existe à votre siège une DRH (Direction des Relations Humaines) ?

Parfait, vous serez libéré de tâches inhabituelles pour vous, et que la DRH maîtrise : choix de la méthode de recherche, tri des candidats... ; mais le « oui » final est le vôtre. Ou alors c'est, cas improbable..., la DRH qui est responsable des ventes de votre nouvelle recrue. Vous assumerez en contrepartie la charge de le « virer » s'il y a lieu, tâche moins sympathique, avec le même appui technique de ces mêmes fonctionnels. Si vous travaillez avec un cabinet extérieur, la méthode est la même ; et s'il s'agit d'un recrutement interne : promotion d'un chauffeur, ou pourquoi pas d'un technicien, ou d'un administratif, là aussi vous devez ressentir cette envie.

Enfin, vous le savez déjà, il est en général plus long, plus cher, plus difficile de rompre un contrat de travail qu'un contrat de mariage. De là à penser que vous devriez prendre plus de précautions pour choisir un équipier que votre future épouse, ou votre mari...

> *Recrutez personnellement ; en vous faisant aider,*
> *mais en conservant la décision.*

Recruter peut aussi vous conduire à examiner des questions fort importantes : Quel statut ? Quelle rémunération ? Nous aborderons ces aspects au chapitre « *Stimuler* », mais il est peut-être opportun d'utiliser l'occasion du recrutement pour modifier, là aussi, les habitudes.

Recruter... dans l'équipe d'en face ?

Prenons l'Express de cette semaine. Les annonces sont à bien peu d'exceptions près toutes, et toujours, semblables.

Les entreprises : les deux tiers, cette fois, mais le score est toujours équivalent, sont leaders : mondial, Européen, sur son marché, national... ; dynamiques, évidemment. Une seule ose affirmer « le n° 2 du marché » (ça, c'est peut-être la plus sympathique). Apparemment seuls les « n°s 1 reconnus sur son marché » recrutent ! Et que cherchent-ils ?

Les oiseaux rares visés sont désespérément identiques : 2, minimum, à 5 ans d'expérience, dans le domaine, très précis, de l'entreprise : en micro-informatique, en financement dans le domaine des équipements professionnels, auprès des GMS, auprès des chaînes de restauration collective... Certains sont encore davantage définis : « vous êtes introduit au rayon charcuterie LS des GMS depuis 5 ans minimum » ; « au moins 5 ans d'expérience acquise obligatoirement dans l'univers du papier » ; « plusieurs années dans la fonction et possédez un portefeuille clients » ; là, tout est clair : celui qui correspond à ce profil, c'est le vendeur du concurrent ! Qui d'autre pourrait connaître le produit, le secteur, les clients ? « Caractères », revue des professionnels de l'imprimerie, publie souvent des annonces dont Daniel Trouillot, qui dirigeait une imprimerie de trente personnes, suggérait l'en-tête expressif : cherchons traître !

Pour être juste, dans l'Express examiné, deux annonces sont vraiment ouvertes : « débutant ou... » ; deux autres osent « jeunes, formation BAC + 3 » sans autre exigence ; mais une, pour un secteur défini comme « le grand sud-ouest » indique : « expérience de 2 à 3 ans de la vente en GMS et parlant anglais ». Diable ! Cette précision laisse à penser que la passion du ballon ovale attire nos amis Ecossais ou Gallois dans cette si belle région, au point que les chefs de rayons de Casino et Leclerc sont maintenant des anglo-saxons !

Certes, il peut se produire des cas où intégrer le transfuge d'un confrère peut être souhaitable ; Hubert Bourgeois, PDG du Moulin de Verdelot vient d'accueillir un équipier de Louis Marmorat, chef des ventes de la minoterie Nicot qui voulait, pour des raisons familiales, changer de région. Nulle amertume ni jalousie dans ce cas ; Louis, qui n'est pas sujet au « syndrome du divorce » – combien d'entreprises lorsqu'on les quitte, réagissent avec presque autant d'amertume que pour la fuite de leur âme sœur avec un(e) amant(e) – est sincèrement heureux pour son ex-poulain ; quant à Hubert, il gagne une personnalité déjà intégrée au métier de la boulangerie artisanale, dont il connaît la fiabilité... Parfait.

Mais doit-on en conclure qu'il n'existe que cette solution : recruter dans son métier ? D'autres choix sont pourtant possibles. Vous rencontrez, il y a quelques années, votre ami Gérard Rimoux qui dirige une agence de voyages ; il vous narre ses difficultés de recrutement : les candidats arrivent, tous avec « Libération » sous le bras, et le même discours : « Oh, ouais... le voyage, c'est super ! Chouêêête, j'aime... » et le dynamisme d'un escargot enrhumé ! Vous lui faites préciser d'où viennent ces candidats : « De BTS tourisme bien sûr. Le voyage, c'est un métier très particulier. Prends la billetterie, par exemple, ça ne s'improvise pas. ». Les professionnels de bien des métiers pensent la même chose : mon cas est à part, l'expérience acquise ailleurs est intransposable et, de plus, il est impossible à un intrus de comprendre la corporation. Allez plus loin : « Combien de temps faut – il pour qu'une personne normalement intelligente, réellement motivée, apprenne le nécessaire pour vendre sur ce sujet si particulier ? ». Votre ami réfléchit. « Je n'y avais jamais pensé, mais tu as raison, en 15 jours de vraie formation, c'est fini. Mais alors ? »

Ses candidats rêvent de voyage : îles Grecques à la blancheur éblouissante, eau bleue reflétant les palmiers ... Gérard les envoie dans les ZI de banlieue rencontrer, non des indigènes parés de fleurs, mais de prosaïques délégués de comités d'entreprises. Comment pourraient-ils aimer ce travail ? Et vous conseillez à votre ami : « Recrute des vendeurs d'acier (les entreprises sidérurgiques licenciaient alors de façon importante) ; tu trouveras chez eux le sérieux, l'organisation, l'attachement à l'entreprise qu'ils ont déjà ; quant à aimer ton produit, comment ne pas être passionné par la majesté des pyramides alors qu'ils ont su « vibrer » pour des tôles et des barres ». Votre ami applique votre conseil ; le résultat est bon, vous le devinez.

Vous aurez donc en cherchant ailleurs l'avantage d'ouvrir votre équipe à d'autres horizons.

Mais de plus, si vous recrutez « en face », deux cas se présentent :

• Soit vous prenez votre candidat dans une excellente équipe, dirigée par un chef des ventes hors pair ; croyez-vous qu'il vous laissera capter facilement ses meilleurs hommes ? Ou que vous hériterez plutôt du « mauvais », celui des vieilles bagnoles du précédent chapitre ?

• Soit vous le trouvez dans une équipe banale, parfois médiocre, peu ou mal dirigée. Êtes-vous sûr de trouver en lui les habitudes, l'esprit d'équipe que vous souhaitez ? Dans une entreprise de ce genre, de mauvais réflexes s'acquièrent vite, et sont longs, très longs, à modifier ; ils peuvent même gangrener vos anciens. Et s'il part parce qu'il se sent mal à l'aise dans cette entreprise, sera-t-il bien dans la vôtre ?

Pourquoi un bon vendeur veut-il venir chez vous ? Pour changer de région, voir du neuf, et autres motifs personnels ; nous avons vu le cas, c'est jouable : ce sont des motivations valables. Mais s'il s'agit d'un aspect financier, attention. Il veut plus (trop ?), et là, gare à ce qu'en pensera votre équipe ! En prenant ce nouveau, à un tarif plus élevé, vous pouvez créer des rancœurs. Ou il veut, et il a raison, progresser ; mais là, il consulte les annonces à la rubrique « chef des ventes », et n'est plus candidat chez vous. Enfin, si vous tenez vraiment à « piquer » votre nouveau chez vos collègues, pourquoi passer une annonce ? Le coût est élevé, ce n'est pas très discret, vous devrez répondre à une masse de lettres... et vous n'êtes même pas certain de toucher votre cible. L'approche directe, dont certains cabinets sont spécialistes, est préférable. Et soyez

sûr de votre candidat – autant qu'on peut l'être, et plus encore – car le
« jeter » pendant la période d'essai sera délicat ; cela rappelle par trop
le style, usé (?), de voyous qui, pour éliminer un adversaire meilleur
qu'eux sur leur marché, le recrutaient avec un pont d'or, puis le met-
taient tranquillement à la porte au bout d'un mois. Le pauvre diable cré-
dule, n'osant pas revenir à son ancienne entreprise, était obligé de changer de métier.

Mais si cette méthode, cet état d'esprit plutôt, qui consiste donc à
chasser uniquement les candidats en provenance du sérail, est si
employée dans certaines professions que c'en est une règle absolue –
essayez donc de rentrer dans la vente automobile si vous n'êtes pas né
dedans – n'est pas la réponse unique... Comment agir autrement ?

> *Recruter dans votre métier n'est pas la seule solution.*
> *Il est souvent possible de former un esprit neuf*
> *à vos propres exigences commerciales, en un délai raisonnable.*

Qui ? Pour faire quoi ?

C'est le cœur du sujet.

Évidemment le niveau d'études, mais aussi d'adaptabilité, de culture,
d'ouverture d'esprit, de curiosité ; par rapport à votre produit et votre
technique, mais aussi votre équipe... et vos clients, tout cela est à prendre
en compte.

Homme ou Femme ? Elles sont, sauf dans des métiers précis, plutôt
rares dans nos équipes. Et pourtant, certains disent qu'elles ont plus d'instinct, d'empathie, voire de volonté... ; en un mot, qu'elles sont
meilleures. Ce qui est sûr, c'est qu'intégrer dans une équipe masculine
un élément féminin est un apport – de diversité, de sérieux, de flexibi-
lité, de charme aussi – cela peut être appréciable.

L'âge, d'état civil, que vous déterminez, peut dépendre de nombreux
facteurs ; votre équipe devrait présenter, comme un pays ou un village,
une pyramide des âges aussi harmonieuse que possible ; l'ancien apportant son expérience, le jeune sa candeur. Quelle morne uniformité sourd
de ces équipes où, à force de licenciements, tous les survivants ont entre
45 et 55 ans !

Mais si l'âge d'état civil est chiffrable, l'âge d'état d'esprit est bien
plus important : vous connaissez des « jeunes » de 60 ans et plus, mais
aussi, hélas, des « vieillards » de 25 ans. Jacques Delaume, Directeur

Commercial d'une fabrique de coutellerie à Thiers, avait choisi un candidat de... 58 ans ; pourtant la moustache triste, l'air chien battu... il y a des raisons : chercher, en vain, pendant 18 mois, cela sape le moral. Mais Jacques a cru en lui. Quelle joie de revoir le nouveau, quelques semaines après, la moustache redevenue conquérante, portant beau, le geste ample ; et à la satisfaction de chiffres et de résultats sympathiques s'ajouta celle, très personnelle, d'avoir accompli son rôle d'Homme, et son métier de Directeur Commercial en même temps, en permettant à ce vieux crocodile de renaître.

Pourquoi alors toutes ces annonces cherchant ces 5 ans d'expérience, 30 ans au plus ? Ces pyramides des âges sont-elles toutes identiques ? Bien sûr ce ne peut être l'idée de les payer moins cher ; nous savons tous dans la vente que dans l'humain comme dans les produits, on en a souvent pour son argent ; le calcul pourrait d'ailleurs être faux ! Cette mode viendrait-elle de la recherche d'une facilité d'adaptation plus grande ? Mais alors, pourquoi ne pas prendre plutôt des débutants ?

Lorsque vous recrutez, posez-vous la question : pourquoi serai-je tenu d'agir exactement comme les autres ? Si j'avais un candidat valable de 45 ans, ou de 55, après tout... Ou ce jeune, à la recherche d'un premier job, dont la volonté, la curiosité sont si visibles, et qui a tant envie d'apprendre... Il faudrait bien peu de temps pour qu'il soit opérationnel.

Pour faire quoi ? Vendre, évidemment. Mais où, à qui ? Sur le secteur autour de votre siège, où votre taux de pénétration est maximum, vous cherchez quelqu'un pour entretenir une clientèle fidélisée*. Au contraire, loin de vos bases, sur un secteur vierge, vous voudrez un prospecteur de choc.

Votre type de vente est-il :

• Court – décision positive possible chez un prospect en quelques jours, ou quelques semaines (ventes grand public) ?

• Moyen – décision positive possible en quelques mois (ventes industrielles, à des professionnels : matières premières, divers consommables, équipements, conseil d'entreprise) ?

• Long – décision positive possible en quelques années (ventes de sous-traitance, de grands travaux) ?

Cette notion de durée conditionne des profils différents.

---

* Conserver ses clients, surtout ses BONS clients (ceux dont nous prenons parfois moins soin que des éternels rouspéteurs qui dévorent notre temps) est vital. Lire pour cela *Fidéliser vos clients* de P. Morgat et X. Lucron, Éditions d'Organisation.

Pour réussir face à vos clients, il est important de connaître le produit que l'on vend ; les clients auxquels on s'adresse ; et de se connaître soi-même. Mais cette connaissance ne peut exister, et s'accroître qu'à une condition : aimer. Vous chercherez donc le candidat qui, même s'il est complètement débutant, pourra aimer vos produits, Y CROIRE. Inutile de recruter un convaincu de la culture biologique pour vendre des engrais, ou quelqu'un qui ne porte que des costumes trois-pièces pour vendre des jeans. Vous voulez de plus qu'il puisse aimer vos clients. Cet impératif est bien visible quand une entreprise travaille sur plusieurs marchés, donc avec des clients aux mentalités différentes. Bien rares sont les vendeurs qui excellent à la fois dans les boutiques et les grandes surfaces ; ou face aux couples – lui et elle, n'oubliez jamais elle – des métiers d'artisans, et face aux acheteurs professionnels des grandes entreprises ou administrations. Comment aimer simultanément des clients si opposés ? Ces aspects affectifs méritent votre réflexion.

Il vous reste à analyser ces facteurs, et d'autres encore, pour définir ce que vous cherchez.

> *Dans votre qui ? Pour faire quoi ? pensez à rechercher l'adhésion à votre produit, votre équipe, vos clients. Quitte à être moins précis sur les autres caractéristiques.*

Les sources de candidats

Évidemment, une annonce est la première source qui vient à l'esprit. Vous êtes pressé ? Cette méthode est rapide ; mais elle est coûteuse, et si l'on peut penser que c'est une forme de publicité (?), ce manque de discrétion peut être dangereux. Votre homologue chef de ventes, chez votre concurrent bien-aimé, lit, lui aussi, le journal ; s'il s'agit d'un « bon », immédiatement informé, il peut vous causer bien des soucis en contre-attaquant sur l'instant, car il sait que sur ce secteur vous vivez une période de transition ; en visitant tous vos clients, fragilisés, il va en conquérir certains. Tout comme le trois-quart expérimenté sait attaquer systématiquement sur votre remplaçant !* Il vous faudra de plus répondre aux candidatures, ou alors où est votre image ? Et si vous atteignez 1000 envois, cela finit par soulever des problèmes, surtout dans une petite structure.

Il fut un temps, peut-être, où l'ANPE ne recelait que des médiocres. Il est certain qu'aujourd'hui vous y trouvez des candidats de valeur – et

---

* Du moins, comme l'écrit Denis Lalanne dans un ouvrage indispensable à tout fana de rugby, *Le temps des Boni*, La Table Ronde : « à l'époque où on n'aurait jamais imaginé un trois-quart centre moderne rentrant les yeux fermés dans le lard de son défenseur et s'en trouvant fêté par la galerie »...

c'est gratuit ! Pensez donc à l'ANPE, à l'APEC, à l'APECITA. Et aussi aux écoles, dont les associations d'anciens offrent des services eux aussi gratuits. Le Service Orientation-Carrières des anciens ESSEC, par exemple, vous permet avec ses deux consultants professionnels de mieux cadrer votre qui ?, et diffuse votre offre dans la population concernée.

Et la promotion interne ? Intégrer dans l'équipe de vente un chauffeur, un technicien, un administratif, présente des avantages multiples : permettre à celui qui le mérite de progresser ; aider l'ensemble de l'équipe à mieux comprendre le domaine de la logistique ou de la fabrication ; mais aussi améliorer les relations avec les autres fonctions dans l'entreprise. Mieux s'entendre avec les comptables ou les contremaîtres, c'est essentiel dans la guerre économique d'aujourd'hui.

Une source appelée soit bouche à oreille, soit relations, et « piston » par les jeunes, est elle aussi efficace. Là comme ailleurs vous devrez trier. « Les gens de valeur vous envoient des gens de valeur » dit Alain Vaissière, professionnel de la gestion des ressources humaines et créateur de l'Institut du Conseil Personnel. En intégrant le petit neveu du contremaître – de valeur, répétons-le –, qui est venu vous parler « personnellement » vous avez eu un joli compliment : lui, au moins, pense que vous et votre équipe êtes assez valables pour qu'il vous confie son protégé ; qui plus est vous bénéficiez d'une garantie morale : vous pouvez vous reposer sur l'oncle pour redresser le moindre écart du neveu.

Avez-vous songé aux stages ? Tous les jeunes, du BTS aux Centraliens, des Universités aux Grandes Écoles, en recherchent. Et après les stages ouvriers, certains cursus obligent même à des stages de vente (Enfin ! Serait-ce le signe que la vente est un métier reconnu dans notre pays, y compris par les systèmes d'enseignement ?).

Quelques points pour tirer le meilleur parti de cette voie : choisissez votre stagiaire, et pour cela voyez les responsables de l'école ; et commencez avant à le former, en lui confiant ouvrages techniques et brochures sur votre produit et votre métier : potasser un sujet, ils savent très bien le faire – à condition de leur définir le sujet et les moyens. Vous gagnerez ainsi un temps précieux. Et dès que possible, faites-le vendre, tout seul, pour de vrai. Que le passage obligé dans les bureaux soit le plus bref possible. C'est en faisant qu'il apprendra, et non en contemplant les autres. Bien sûr, vous l'encadrerez, comme tout débutant doit l'être. Vous serez agréablement surpris des résultats, tant pour les prospections que pour le souffle d'air frais au sein de l'équipe. Bernard Flouriot, au Crédit Mutuel d'Anjou, a ainsi lancé sur le terrain, en prospection pure, trois jeunes en première année à l'ESCO (École Supérieure de Commerce et d'Organisation) de Bordeaux. Choisis et déjà formés (un seul jour !)

mi-décembre sur place, à l'école, par Jean-Yves Même (responsable de l'animation des ventes), c'est le 1ᵉʳ février que commença leur chasse aux prospects. L'entreprise, et les stagiaires, furent heureux des résultats.

Certes, pour les métiers dont la technicité est plus complexe, la durée de la formation de base est plus longue. Mais en choisissant votre étudiant dans la filière correspondant à votre profession, vous trouverez des stagiaires déjà bien armés sur ce plan technique. Si vous vivez semblable expérience, à la soutenance de leur rapport – vous aurez même un rapport en prime – vous pouvez glisser à votre jeune poulain : « Quand tu auras terminé, que tu chercheras un job, viens nous voir. » Vous avez gagné un nouveau, qui est déjà intégré à l'équipe.

Dernier point, qui va de soi. Naturellement, vous rémunérez votre stagiaire ; il travaille, c'est donc normal. Et davantage que le SMIC ; vous connaissez de bons vendeurs à ce niveau ? Une prime sur les résultats, solution du Crédit Mutuel d'Anjou, est simple et équitable.

> *Vous êtes pressé par le temps ? Passez une annonce.*
> *Sinon, utilisez les sources gratuites de candidats.*

Les candidatures et le tri

Vous avez maintenant devant vous votre pile – plus ou moins haute – de candidatures.

Écartez d'abord celles qui ne satisfont pas à ce que vous avez demandé. Vous avez par exemple indiqué « lettre + CV + photo ». Une lettre parce que vous voulez une analyse graphologique, le CV évidemment pour connaître le parcours, la photo indispensable si vous voulez parler des candidats après les entretiens. C'est là que cette photo est utile, et non pour écarter : il vous faut plusieurs avis, venant de deux personnes différentes au moins, nous y reviendrons ; et après les entretiens, séparés, il faut comparer ses impressions, ses notes, réfléchir ensemble. Or comment être certain que nous parlons bien de la même personne si vous n'avez pas la photo pour la reconnaître, mais seulement son nom ? Une photo, donc. Le candidat qui ne fournit pas ces éléments, écartez-le. Si avant de rentrer il est déjà négatif, soyez certain qu'après, ce sera pire.

Écartez aussi toutes les candidatures qui ne correspondent pas à votre « qui ». Pour Michel Saada, PDG d'une célèbre marque de jeans portée par les champions de rodéos, vendre du vêtement signifie un sens du beau, et ce critère simple élimine les envois mal présentés, sans imagination, tristes... ce qui est le cas de beaucoup.

Vous répartissez alors vos candidatures en trois piles :

A/ Oui, je veux voir.

B/ Peut-être.

C/ Non.

Si la pile A tend vers zéro, n'insistez pas, et recommencez à la case départ. Sinon vous risquez de dire ensuite, comme ce PDG : « Que voulez-vous, j'ai pris ce que j'ai trouvé. ».

Préparez dès cette phase vos entretiens, en notant les points que vous voudrez éclaircir face à chaque candidat.

Et dès que vous le pouvez, répondez à ceux que vous ne retenez pas ; ils attendent votre lettre – vous la leur devez –. Essayez d'être cordial, de les encourager ; mais ne les trompez pas en leur laissant entendre que vous conservez leur candidature. Vous renvoyez leur photo et leur CV (Pour celui qui cherche activement, et envoie 30 ou 50 candidatures par semaine, cela finit par coûter cher). Votre image, c'est d'être différent de la masse des entreprises qui n'ont pas la correction, pourtant évidente, de répondre lorsqu'on leur écrit (En passant, répondez aussi aux candidatures spontanées, évidemment).

> Triez et écartez en fonction d'éléments factuels.
> Les sentiments joueront, mais ultérieurement.

Mais allons plus loin encore.

Respectez vos candidats

Ce respect est obligatoire pour quantité de raisons. Choisissez la, ou les, vôtre(s).

Que vous apportera, sur le plan de la sélection, un accueil froid, voire méprisant ? Une longue attente avant de les recevoir, en retard ? Et autres procédés déplaisants ? Rien.

En revanche, eux, ils en garderont souvenir, et rancune, longtemps. Vous avez peut-être vous-même vécu ces moments détestables ? Gageons, si c'est le cas, que vous gardez encore une dent contre l'entreprise, ou la personne, qui vous a traité de cette manière. Quelle superbe méthode pour se faire des ennemis à bon compte ! Et s'ils sont candidats chez vous, cela signifie qu'ils s'intéressent à votre profession ; le monde, vous le savez, est petit. Et dans cinq ou dix ans, vous retrouverez votre exclu, vendeur chez votre concurrent ; il aura alors deux raisons pour vous combattre avec acharnement : il sera payé pour, et cela lui fera tellement plaisir ! Ou, plus amusant encore, le découvrir acheteur, chez un de vos clients, au joli potentiel.

Beaucoup d'entreprises affectent à la création, et à l'amélioration de leur image des sommes, des efforts considérables. Création d'un logo, publicité de notoriété, service consommateur, salons et expositions, etc. ; ces actions sont nécessaires de nos jours. Comment peut-on mettre tout cela en danger en un simple recrutement ? Les candidats, y compris écartés, sont eux aussi porteurs de votre image.

Vous voulez gagner temps et argent, que le nouvel engagé s'intègre vite et bien : en respectant tous les candidats, vous susciterez la volonté de faire partie d'une entreprise, d'une équipe, propre. Il en existe d'un autre style.

Être avec eux sincère et clair évite les ambiguïtés : oui, il n'y a qu'une seule place ; oui, le rapport d'activité est chez nous obligatoire ; etc. Ils comprennent ces nécessités et préfèrent ce langage ferme. Là aussi vous les respectez. Vous êtes crédible.

Doit-on ajouter qu'être en recherche d'emploi, c'est être fragilisé, donc sensible, et que c'est – mais oui – un devoir moral que d'agir normalement avec ces êtres humains ?

Vous avez trouvé votre raison ? Alors veillez à ce que pendant toute la durée de l'opération ce respect soit la règle pour tous. Y compris pour le cabinet extérieur que vous avez éventuellement mandaté pour certaines parties de votre recherche.

> *Par éthique ou par intérêt, respectez vos candidats.*

Le déroulement du recrutement

Il s'agit de choisir, et de choisir de l'humain. S'il est un domaine où nous pouvons commettre des erreurs, c'est bien celui-là ! Donc ayez plusieurs avis. Être deux, au moins, pendant tout le déroulement est indispensable.

– Qui peut vous aider ?

Vous souhaitez un avis complémentaire au vôtre, et non pas identique. Choisissez donc une personnalité différente ; votre frère jumeau vous révélerait ce que vous savez déjà. Si vous êtes un homme, demandez à une femme de vous aider : elle vous apportera une vision plus instinctive, moins impliquée (elles sont plus difficiles à séduire), en tout cas un éclairage complémentaire. Cela ne signifie pas qu'elles aient « raison » et nous « tort », ou l'inverse ; simplement cette vision vous apporte des éléments que vous n'avez pas perçus et qui sont bien utiles pour éviter les erreurs. Évidemment, si vous êtes une femme utiliser l'aide d'un homme a le même avantage. Lors du recrutement de ses vendeurs de jeans, Michel Saada invita Christine, qui par sa fonction de secrétaire commerciale a constamment les vendeurs au téléphone, reçoit leurs courriers et rapports, en somme est leur commercial assis. Il est donc indispensable qu'elle s'entende avec eux. C'était la première expérience de ce genre pour cette jeune femme à l'œil vif, et en quelques heures de pratique, elle menait ses entretiens comme un professionnel chevronné.

Vous pouvez aussi choisir ce partenaire dans votre équipe de vente ; la présence de ce « vrai » vendeur dans l'opération apportera un souffle de réalités du terrain qu'apprécieront les candidats ; et ils comprendront que les mots équipe, confiance, entraide, ont chez vous un sens.

Un autre éclairage, très utile, peut provenir d'un tri graphologique. Si vous utilisez cette aide, allez parler avec votre spécialiste et notez les aspects à vérifier. Sur quels plans ?

Une vision de l'état physique, fonction bien sûr de l'âge ; un certain niveau culturel, artistique ; là, c'est moins net. Par exemple, vous entendrez votre graphologue vous dire : « Je suis ennuyée par une fatigabilité anormale. Vérifiez, peut-être même éthylisme... » Cela n'est pas une vérité absolue, c'est à vérifier. Mais votre attention est attirée sur ce point ; et lorsque, à la pause vers 10 h 30, au milieu des cafés et autres jus d'oranges, vous entendez votre candidat commander « Un petit Scotch pour affronter la suite... », vous aurez confirmation. Vous auriez pu ne pas voir ce détail.

(Il vous reste une décision à prendre : le dire, et cette vérité ne lui fera pas très plaisir ; ou non ? Vous lui devez, à lui qui est venu un court moment travailler avec vous, une réponse franche ; mais il est possible que cette franchise le traumatise encore davantage. Bon courage pour ce choix délicat !).

> *Plusieurs éclairages de la personnalité des candidats vous sont indispensables.*

– L'organisation de votre recrutement

Le temps des candidats est, comme le vôtre, précieux. Pour cette raison, les réunir est une solution qui est rapide, et limite les coûts de déplacement. Vous cherchez en général pour un secteur précis ; en vous rendant sur place, à deux ou à trois, les frais sont moindres que si vous remboursez les déplacements de quinze candidats. Dont certains, et parmi eux peut-être celui que vous aimeriez engager, hésiteront avant d'investir une journée entière, avec l'aller et le retour, pour un simple entretien à votre siège. Pour le local, louez une salle dans un hôtel, avec au moins une petite pièce adjacente pour être séparé lors des entretiens. Le jour : samedi présente bien des avantages ; les hôtels sont disponibles, et les candidats aussi. Le vendeur qui est en activité sera libre sans avoir à demander à son chef des ventes une journée pour aller chez le dentiste ; et le candidat venu de l'ANPE « juste pour le coup de tampon » (S'il y en a de bons, il y a aussi ce genre de personnage à l'ANPE...) sera indisponible ce samedi. Parfait ! Vous économisez votre temps.

Aménagez votre salle avant l'arrivée, pour 9 h par exemple, des participants. Une table en V ou en U pour les voir tous et être vu de tous ; le long des murs, exposez vos produits, si c'est possible ; ou au moins vos catalogues, plaquettes et tout type de documents leur permettant de se familiariser avec votre métier et votre entreprise : si l'un ou l'autre doit vous quitter en avouant « Je ne me vois vraiment pas vendre ce genre de matériel... », autant que ce soit le plus vite possible. Vous laissez à leur disposition, près de l'entrée, des bristols et des marqueurs pour confectionner eux-mêmes un chevalet analogue au vôtre, avec prénom et nom. Vous les laissez choisir leur place autour de la table, ce qui déjà vous montrera celui qui se met en avant, ou celui qui se pousse derrière son voisin, pour être à l'abri d'une éventuelle question.

Vous verrez arriver l'inévitable vendeur de choc qui, à l'entrée, vous demandera « Ce sont tous des candidats ? » et lorsque vous aurez répondu oui, vous confiera « Alors, ce n'est pas la peine que je reste. » Laissez-le partir : si chez vos clients il se comporte de façon analogue, « Vous avez déjà un fournisseur ? Ce n'est pas la peine que... », vous ne perdez pas grand-chose !

> *Organisez et préparez votre journée de recrutement.*
> *Avant, car pendant vous n'aurez pas le temps !*

– Votre journée

Votre journée comporte plusieurs phases

1. De 9 h à 10 h 30 environ : présentations réciproques

En 20 minutes, 1/2 heure au plus, vous présentez les responsables (vous-même et le ou les équipiers qui vous aident), et chaque candidat, en 2 minutes au maximum, expose qui il est. Puis vous exposez, sincèrement et aussi complètement que possible en 1/2 heure, l'entreprise, le produit, votre stratégie. Un résumé écrit vous aidera à être bref, pour laisser du temps aux questions, qui sont l'essentiel. Vous en aurez de tout genre, votre vision du marché dans 5 ans, le remboursement des frais de déplacement (sujet inévitable !), les réunions de votre équipe, etc. Naturellement vous répondez franchement, y compris « sur tel point, je ne vous dirai rien, car vous n'êtes pas encore de la maison », si besoin. Tout cela, le temps passe vite, vous conduira à l'heure de la pause.

Votre aide, pendant cette phase, observe et note les comportements, les questions etc. Quelques candidats, pour des raisons variées, vous quittent ; la politique, ou le modèle de voiture, ne leur convient pas ; bien sûr vous les remerciez d'être venus.

2. La pause

Vous les invitez au bar, que vous avez prévenu, pour avaler café – croissants et dégourdir les jambes. Là aussi observez les différents comportements : celui qui fait bande à part, celui qui pense à passer le sucre, celui qui est curieux, et les commentaires divers.

3. De 11 h à 12 h 30, faites-les travailler et s'exprimer

Si vous le pouvez, changez de rôle avec votre aide : c'est maintenant lui qui dirige le groupe, et vous qui êtes observateur. Un thème, qui permet des échanges intéressants : les difficultés en clientèle et autres objections rencontrées sur le terrain. Chacun cherche les meilleures réponses ; mais ce qui importe, c'est la forme de cette réponse – le fond, comme ils ne connaissent pas les méandres de votre produit et de votre métier, comportera des erreurs amusantes ; l'essentiel est qu'il ait osé proposer une solution.

Vous terminerez en leur demandant la même réflexion, sur quelque « Vous êtes cher » ou « J'y réfléchirai », en dix minutes, mais cette fois par écrit. D'une part vous éviterez la mésaventure d'un responsable qui découvrit après l'avoir intégré que son candidat... ne savait pas lire ! D'autre part, vous détenez là un écrit vraiment de sa main ; ce qui peut être utile si vous souhaitez non plus un tri, mais une analyse graphologique pour les candidatures que vous aurez retenues. La première lettre de motivation, dans votre dossier, a pu être écrite par sa femme, qui serait une remarquable candidate, alors que lui... Le cas se produit, d'autant que la distinction femme / homme est peu visible en graphologie. Collectez donc avec soin les écrits de vos candidats.

Il vous reste à répartir, de 1/2 heure en 1/2 heure, les rendez-vous pour les entretiens de l'après-midi ; 1/2 heure est un minimum pour chaque entretien.*

Avant de libérer vos candidats, une dernière touche de respect. Ils ont accepté de travailler avec vous toute cette matinée, et un samedi ; en leur offrant un souvenir, ils conserveront de votre entreprise une image positive. Nul besoin d'un cadeau très coûteux ; si possible choisissez un objet en relation avec votre métier, l'idéal étant un produit de votre fabrication. Jacques Delaume avait ce jour-là apporté pour chacun un étui de deux couteaux : un éplucheur et un office – le petit couteau pointu qu'utilise sans cesse la cuisinière – et fut stupéfait de l'effet de ce geste. « La façon de donner... », bien évidemment, mais aussi le fait que rares sont les entreprises où les candidats sentent ce genre d'attention. Pour le recrutement de vendeur de jeans, après avoir remis à chacun un T-shirt et un pin's qui provoquèrent la même réaction, Michel Saada proposa à ceux qui le souhaitaient de partager les sandwiches d'un déjeuner sans étiquette ; tous les candidats décidèrent de rester et mirent la main à la pâte, installant les tables et distribuant les assiettes en carton. Vous découvrez encore mieux vos candidats, et vous gagnez un temps appréciable pour l'intégration ; comme le dit Michel, « ils faisaient déjà partie de l'équipe ».

4. L'après-midi : les entretiens individuels

Alain Vaissière appelle cette technique « le double entretien concerté ». Double, au moins, car vous devez avoir deux entretiens distincts, non deux « juges » passant ensemble au grill le candidat ; concerté car avant, vous avez préparé vos entretiens pour qu'ils soient différents. Vous allez évidemment approfondir la lettre et le CV du candidat ; en fonction de vos goûts et compétences, l'un commencera par l'aspect professionnel, les études ; l'autre par les caractéristiques plus personnelles, les hobbies et autres passions. Fixez ainsi le premier axe de vos entretiens, qui pourront bien sûr se rejoindre ensuite, mais qui vous fourniront deux visions différentes. Prenez des notes, naturellement, car vous confronterez plus tard vos sentiments pour décider, en fonction de votre « Qui ? Pour faire quoi ? ».

Vérifiez constamment l'idéal qu'essaie – c'est normal – de vous présenter le candidat. Entre le bluff, qui fait partie de la vente, et le mensonge, la limite est parfois fine ; où la fixez-vous ? Le CV énonce : sport pratiqué : rugby. Vous creusez un peu (enfin un sujet agréable !) en lui demandant s'il joue ; « Euh... Bien sûr. » Le euh... vous gêne, ainsi que la brièveté de la réponse ; donc vous allez plus loin : « Quel poste ? » « Pilier ». Curieux, un vrai fada – quel que soit son niveau – aurait précisé ! Vous cherchez :

---

* Voir à ce sujet : *L'art de mener un entretien de recrutement*, J.-P. Doury, Éditions d'Organisation.

45

« Droit ou gauche ? » « Ben... gauche ». Vous doutez de plus en plus. Alors vérifions : « En rentrant en mêlée, vous mettez la tête à droite ou à gauche ? » « A droite... ». (Pour ceux qui l'ignorent, c'est à gauche, vérifiez au prochain tournoi des Cinq Nations). Vous savez que, sur ce point en tout cas, il vous raconte des histoires.

Comment ? Pourquoi ? On lui a conseillé de mettre cela sur son CV, parce qu'un sport collectif « ça fait sens de l'équipe ». Mais alors pourquoi doute-t-il de lui-même, de sa richesse intérieure – il en a une – pour truquer ainsi ? Vous le voyez, il y a à explorer. Vérifiez, vérifiez encore. On prétend que 20 % des diplômes affichés sur CV sont faux. C'est, osons l'espérer, exagéré ; mais vérifiez ! Pour toutes les écoles, un simple coup de téléphone à l'administration ou l'association des anciens vous rassurera ; Pour l'université c'est plus délicat, et surtout beaucoup plus long. Or la seule présentation d'un parchemin, alors que la photocopie et le scaner accomplissent des merveilles, ne garantit plus grand-chose. Les références qui parfois figurent en fin du CV peuvent vous aider ; mais pensez à en demander d'autres : « Vous étiez dans telle entreprise ; Comment s'appelait votre chef des ventes ? » « Untel » « Me permettez-vous de lui téléphoner ? ». La simple attitude du candidat est à ce moment presque aussi révélatrice que la réponse du chef des ventes.

Méfiez-vous de vos coups de cœur. Si le candidat est vraiment un vendeur, il essaiera alors de vous ferrer : « Je dois donner une réponse dès lundi à deux autres entreprises... Vous avez ma préférence, mais il faut que je sache tout de suite si vous êtes réellement intéressé... ». Expliquez, et c'est vrai, que vous devez en délibérer avec votre co-recruteur, et qu'une réponse immédiate est impossible ; obligez-vous à respecter un délai minimum, une semaine par exemple.

> *Prenez beaucoup de notes, à chaque stade de cette journée.*

La synthèse et le choix

Vous avez donc effectué plusieurs entretiens avec chaque candidat.

Réunissez les interviewers et parlez ! Une synthèse de notes écrites est insuffisante ; les sentiments, le vécu, les sensations se transmettent mal sur du seul papier, même si les notes prises sont indispensables pour clarifier les souvenirs. Dans ces échanges, pensez à imaginer le candidat au sein de votre équipe : Comment s'intégrerait-il ? Vivrait-il bien les traditions qui sont la marque de tout groupe ayant vécu ensemble le lancement du nouveau produit l'an dernier, l'opération déstockage du printemps, la chute de chiffre d'affaires lors de la grève, etc. Avec qui s'entendrait-il ? S'opposerait-il ? Qu'apporterait-il ?

Le candidat parfait n'existe pas ; vous aurez donc celui d'entre vous qui sera pour, et celui qui sera contre. L'avis défavorable vous met en lumière le point de faiblesse du candidat, qui sera à surveiller dès les premiers jours dans l'entreprise ; peut-être est-il possible de prévoir, dans l'indispensable formation initiale, un aspect spécifique pour combler cette lacune ?

Lorsque vous aurez terminé, vous aurez l'heureux élu, bien souvent d'une courte tête, précédant un peloton de trois ou quatre presque aussi bons que lui, et les écartés. Prévenez tout de suite ces derniers (toujours le respect des candidats) en leur retournant bien entendu photo et CV. Mais attendez d'intégrer votre élu avant de prévenir le n° 2 de sa situation. Supposez qu'au jour dit, votre n° 1 ne se présente pas ? Soit qu'il ait trouvé mieux, soit, le cas s'est vu, que l'entreprise où il se trouvait, devant la menace du départ imminent de son vendeur, ait sérieusement rallongé le salaire de votre gaillard ; vous serez alors bien heureux d'annoncer à ce n° 2 que c'est lui qui est choisi.

> À ce moment comptent les facteurs objectifs, mais aussi subjectifs.
> Vous devez ressentir l'envie de le recruter.

Pas de recrutement sans un certain enthousiasme !

Intégrer le nouvel équipier

Vous vous souvenez certainement de la première journée, comme d'ailleurs de vos premières semaines, dans l'entreprise. Il y a peu de temps, cette phase était effectuée en une matinée : le tour de l'ensemble des services (Monsieur X., voici notre nouveau vendeur... monsieur X. dirige la fabrication ; Monsieur Z. est le comptable, etc.) au grand galop, en passant par la signature du contrat de travail, et en finale la remise de ce qui suffisait pour aller vendre : « Voici le catalogue, le tarif, le carnet de commandes ; et, comme nous sommes informatisés, le listing des clients de votre secteur... ».

Nous sommes beaucoup à être partis ainsi apprendre notre métier chez les clients, avec quelques dégâts au passage, ce qui n'était pas bien grave... à l'époque. Pouvez-vous vous permettre ce coût, aujourd'hui ?

Il est indispensable de préparer le planning des semaines de formation – intégration de votre nouveau, avec les responsables administratifs, techniques, etc., qui le piloteront dans la découverte de leurs mondes. Qui l'accueille le premier matin ? Vous, c'est souhaitable. Remettez-lui ensuite le programme des prochaines semaines, en lui précisant chaque objectif, quand et comment vous vérifierez sa progression. Pensez aussi aux détails matériels : Qui déjeune avec lui, surtout ce premier jour ? S'il vient de loin, où couche-t-il ? Et, surtout s'il est jeune, prévoyez qu'une avance sur salaire sera éventuellement nécessaire pour passer du jean-chaussures sport à l'uniforme de mise dans votre profession. Avec qui ira-t-il visiter ses premiers clients ? Vous, ou l'équipier certes bon vendeur, mais surtout bon formateur.

Et veillez à ce que ces premiers contacts en clientèle soient positifs ; l'habitude de gagner se prend dès le départ.

Vous le voyez, l'investissement, de temps et d'efforts, est important. Mais il est si vite rentable !

Et pouvez-vous, dans la guerre commerciale d'aujourd'hui, vous offrir le luxe... de ne pas y consacrer l'énergie indispensable ?

> *Votre recrutement n'est pas achevé si vous n'avez pas intégré, et donc formé votre nouveau.*

Il part !

Le temps où l'on entrait, pour la vie, dans une entreprise, est terminé. Même dans la vôtre, il est normal que l'on vous quitte. Surtout si vous dirigez l'équipe de vente d'une entreprise de taille humaine, sans la structure ou les filiales qui pourraient offrir à un de vos équipiers de valeur une possibilité d'avancement. Bien sûr, nous l'avons vu, vous choisissez pour votre équipe les meilleurs éléments possible, sans craindre de recruter même meilleur que vous ; vous veillez à leurs progrès constants (voir le chapitre « *Former* ») ; donc un jour ou l'autre il est souhaitable qu'il vous confie qu'une offre séduisante chez Untel... On lui propose un poste de responsable, mieux payé bien sûr... Prenez ceci comme un compliment, c'est un peu votre triomphe personnel ! Vous avez réussi à lui rendre possible cette ascension. Tout cela est facile à écrire, certes, mais faites contre mauvaise fortune bon cœur : vous n'empêcherez pas son départ. Quant à augmenter de façon importante sa rémunération dans l'espoir qu'il reste, le pouvez-vous ? (Si oui, pourquoi diable ne l'avez-vous pas fait avant qu'il n'ait envie de vous quitter, et non sous cette espèce de chantage ?).

Autant donc se séparer en bons termes. Faciliter – mais oui – ses contacts avec des entreprises amies, permettra peut-être d'éviter son transfert, comme chef des ventes, chez un concurrent. Il faut donc aborder ce sujet franchement avec lui, avant qu'il ne commence lui-même à chercher. Et si vous êtes dans le pire des cas – il part en face – votre intérêt est encore que vous lui disiez : « Si tu as un jour envie, ou besoin, de revenir, tu sais que tu es toujours bienvenu chez nous ». Vous gagnerez au moins qu'il vous affrontera avec sportivité, et gardera sa hargne pour les batailles avec les autres confrères.

Mais il est des cas désagréables. Dans certains métiers, où la vente très technique requiert un suivi permanent allant jusqu'à l'élaboration même du produit en collaboration avec le client, le poids du vendeur est tel que des entreprises pensent que le seul moyen rapide et efficace d'accroître leur chiffre d'affaires, c'est de débaucher le vendeur des confrères, qui apportera dans son attaché-case ses clients. Ce type d'entreprise va donc approcher discrètement votre équipe avec des offres que vous ne pourrez – ni ne voudrez ! – égaler. Là aussi, évoquer sincèrement ces réalités en équipe, avant d'entendre dans votre bureau un de vos équipiers vous annoncer son départ dans trois mois, présente beaucoup d'avantages. Si vous vous laissez surprendre ... Il faudra réagir, vite !

Vous avez dans vos contrats une clause de non-concurrence valide : secteur géographique, durée, contrepartie financière définis... (voyez votre avocat), c'est bien ; mais vous savez combien il sera difficile de la faire respecter ; le cas échéant, pour vous fournir les preuves nécessaires, un détective privé peut vous être utile et efficace. Mais il s'agit là de mesures tournées vers le passé.

Occuper le terrain est indispensable et évident. Vous avez dans le vivier, comme on le disait il y a vingt ans, le remplaçant immédiatement disponible ? Quelle chance, sinon, c'est à vous d'aller au charbon. Ce qui s'ajoute à vos tâches habituelles, et au lancement du recrutement nécessaire pour trouver le remplaçant ; une période plus qu'intense.

Justement l'un des moyens les plus rapides, et parmi les moins coûteux, de contacter vos clients, c'est de leur écrire. Cette lettre est simple : vous y rappelez l'ancienneté de vos relations, l'excellent travail en commun, et que pour la continuation de ce partenariat, monsieur X. est remplacé par monsieur Y., – ou vous-même si cela est le cas. Elle offre l'avantage de l'écrit : elle reste, ou plutôt se transmet, par exemple au directeur des achats de vos clients ; elle indique une date ; elle est le complément indispensable de l'annonce verbale du départ. Si de bonnes (peut-être trop bonnes pour la santé de votre chiffre !) relations existaient entre votre ex-vendeur et monsieur Client, cette lettre rend plus délicat le transfert total de votre courant d'affaires chez le concurrent.

Enfin, autre situation, vous souhaitez son départ. Ce n'est pas de la rupture pour mésentente cordiale dont il s'agit, car là c'est à vous de négocier, en douceur si possible, comment il pourrait « se recaser » ailleurs, ou bien de payer ; mais vous n'obtenez pas de lui ce que vous voulez. Vous avez tout essayé : la formation, l'aide amicale, l'exemple et la pression – sympathique – d'un de ses collègues, puis vous l'avez prévenu, gentiment, puis fermement... Rien n'y fait.

Mais avez-vous écrit ? Vous savez déjà que le verbal, votre vendeur y prête peu attention, alors que l'écrit le touche beaucoup plus. Prenez garde au jour d'expédition : postée le jeudi, votre lettre sera reçue par le « deuxième chef des ventes », elle ; il est des cas où l'effet sera bénéfique, d'autres où il vaut mieux poster votre missive le vendredi, pour que votre équipier l'ouvre lui-même. Et quand vous en êtes à la décision de l'évincer, ces écrits sont bien utiles. Tous les avocats le disent : défendre un dossier vide, c'est délicat. Nourrissez le dossier, ou alors payez sans discuter. Lorsque vous avez atteint la limite, agissez immédiatement ; « Chaque fois qu'ayant pris la décision de virer un vendeur, j'ai différé l'application, je l'ai toujours regretté... » confie un Directeur Commercial de valeur. A-t-il raison ? Nous verrons plus loin qu'il existe, heureusement, d'autres types de lettres, plus sympathiques : la lettre de félicitations et la lettre de stimulation.

Enfin, dans les cas d'indélicatesse caractérisée, mais comme toujours bien difficile à prouver, fouillez avec soin – montants, dates, jours, heures, lieux – les frais de déplacements. Vous êtes conseil d'entreprises, et vous vous rendez chez un client de longue date, excellent Directeur Commercial, qui vient de prendre la tête d'une équipe mal dirigée, ou plutôt pas du tout dirigée ; et il vous accueille par une question : « Oui ou non, le paiement d'un parking, c'est bien à la sortie ? ». Abasourdi par l'évidence de la demande, vous confirmez : comment pourrait-il en être autrement ? D'autant plus certain de la réponse que vous fréquentez vous-même ce parking-là, à La Défense, vous confirmez bien que l'heure portée sur le ticket est celle de la sortie. « Regarde, à cette heure-là, le rapport dit qu'il était à Reims chez tel client. Et ce n'est pas le seul cas ! ». Faux rapports, frais détournés, votre juriste a de quoi agir ! Il est regrettable d'en venir à de telles extrémités, vous détestez ce genre de méthodes ; mais que faire d'autre ? C'est avant que ne se produisent de telles dérives qu'il faut redresser la barre... si cela est possible !

Nous en parlerons plus loin, au chapitre « *Contrôler* ».

> *Que vous le souhaitiez ou non, un jour il partira.*
> *Agissez dès maintenant, pour que tout se passe bien.*

A FAIRE...	ÉVITEZ DE...
– **Impliquez-vous** dans cette phase essentielle de votre métier. Recruter, pour votre équipe, c'est VOTRE affaire.	– Déléguer totalement soit à votre spécialiste du personnel, soit à un cabinet extérieur. « Ils » ne sont pas vous, et il s'agit de votre équipe.
– **Faites-vous aider** pour tous les aspects que vous maîtrisez mal ; un professionnel règle en un instant les côtés techniques que vous n'avez jamais pratiqués.	– Tout régler tout de suite par vous-même parce que l'urgence est là, et que vous trouvez le candidat, rencontré par hasard, « bien ».
– **Définissez**, avec soin, votre « **qui ? pour faire quoi ?** » Si votre vente est par exemple courte, moyenne, ou longue, cela nécessite des profils différents.	– Chercher le super-vendeur, « capable de vendre n'importe quoi ». Ce modèle n'existe pas... et vos produits ne sont pas n'importe quoi .
– **Sachez**, si besoin est, **chercher ailleurs** et autrement. Et pensez que, de toute façon, **vous aurez à le former** – au moins aux particularités techniques et à l'esprit de votre entreprise.	– Faire comme tout le monde, recruter le vendeur de l'équipe concurrente sous prétexte « qu'il est immédiatement opérationnel... », – c'est faux ! – et « qu'il apporte sa clientèle... » – c'est douteux !
– **Recrutez à plusieurs – au moins à deux.** Des avis complémentaires sont indispensables. Préparez vos entretiens avant, et parlez-en après.	– Multiplier les entretiens identiques car non préparés. Ou n'effectuer qu'un seul entretien, avec une seule personne.
– **Faites parler vos candidats** – c'est pour les découvrir que vous les recevez – et taisez-vous au maximum.	– Expliquer l'entreprise, la politique, les produits etc. si longuement que vous n'avez plus le temps d'écouter le candidat.
– **Prenez le temps**. Y compris de recommencer toute l'opération, si vous n'avez pas vraiment « envie » d'intégrer les « possibles ». **Vous devez vivre l'intégration avec enthousiasme !**	– Engager, quand-même, le candidat qui est « pas mal » sous prétexte que « c'est urgent » – ça l'est toujours !
– **Préparez et encadrez** la période d'intégration et de formation de votre nouveau. Ses premiers moments dans votre équipe sont décisifs ! **Et lui, aussi, doit devenir enthousiaste.**	– L'envoyer directement chez les clients, sans même lui avoir transmis l'esprit de votre entreprise, sous prétexte que « Vendre, ça ne s'apprend pas » ; C'est du temps gagné, mais des clients perdus.

Chapitre 3

FORMER

> *Objectifs : accroître connaissances et compétences*
> *mais aussi améliorer le moral*

État d'esprit : « Training » et non « Formation »

Vous lisez ce livre. Vous en attendez quelques connaissances, une réflexion utile, si possible en passant un moment point trop... « rasoir ». Vous êtes donc curieux, et soucieux de progresser ; vous savez que la vie évolue, le métier aussi, et vous vous tenez au courant... Bravo !

Mais cet esprit est moins répandu que vous ne l'imaginez ; il suffit pour vous en convaincre de poser à votre équipe une question banale : « Quelle est votre dernière lecture professionnelle ? ».Vous risquez fort d'être bien déçu des réponses. (Vous aurez une déception identique, ou presque, si vous interrogez sur la « lecture plaisir », mais c'est là un autre sujet...). Dans notre mentalité, celui qui reconnaît avoir encore beaucoup à apprendre heurte les archétypes, surprend ; mais, contrairement à ce qu'imaginent certains, est plutôt valorisé. Quel que soit son titre !

Vous êtes, de temps à autre, professeur vacataire dans ce haut lieu, depuis deux siècles, de la formation permanente, à l'auditoire si prenant par sa volonté tenace de progresser, qu'est le Conservatoire National des Arts et Métiers. Vous demandez à Claude Nehmé qui dirige la chaire de Marketing Industriel (en Français Mercatique, paraît-il...) quel cas vous pourriez suivre avec profit. Et vous reprenez place dans l'amphi, où quelques jours avant vous avez été le « prof », mais cette fois au milieu des élèves. Vos voisins sont heureux de vous retrouver, mais se demandent pourquoi vous êtes là, et posent des questions amusantes : « Vous avez vraiment travaillé le cas ? » « Mais vous êtes prof, et vous ne connaissez pas ? » etc. Le tout dans une ambiance fort sympathique (et avec le plaisir de découvrir que vous n'êtes pas si mauvais que cela. Votre copie, si vous l'aviez rendue, était tolérable). Même cet auditoire conçoit mal que, qui que nous soyons, nous avons toujours à progresser.

Pour votre équipe, il existe un frein supplémentaire : vendre, ça ne s'apprend pas. On naît vendeur, comme on naît brun ou blond, sans doute. Cette légende, qui a la vie dure, conduit des techniciens excellents en clientèle à vous affirmer « la vente, je n'y entends rien... », alors qu'ils valent bien mieux qu'ils ne le pensent. Une idée de réponse à celui qui vous ressasse cette idée périmée : offrez-lui le livre de Pierre Posno, dont le titre est *« vendre, ça s'apprend ! »* (Marabout), ou l'ouvrage de base : *L'alchimie de la vente*, de Pierre Rataud (Les Éditions d'Organisation), et demandez-lui ce qu'il en a retiré.

> *Vendre, ça ne s'apprend pas ? Oh si ! Combien si !*

Le mot même de « former » est également un repoussoir : il sous-entend bien sûr que l'on part de zéro, alors que le « formateur », lui, sait tout. La traduction anglo-saxonne de formation professionnelle est « training » ce qui signifie instruire, mais aussi éduquer, et même entraîner. Le concept est donc totalement différent, et particulièrement adapté à la vente ; la vente est en effet un art d'action, comme un sport. Les principes en sont simples, voire naïfs, « Écouter le client », « Conclure », « La règle des 4/20 »[1], comme c'est facile... à mettre au tableau ! Y-a-qu'à utiliser « l'Alternative »[2], c'est vrai, mais l'utiliser bien, au bon moment, comme c'est difficile ! Nous avons tous souvenir de quelques splendides échecs sur l'emploi de ces techniques pourtant bien connues.

Si donc la vente est un sport, que penseriez-vous d'une équipe qui ne s'entraînerait jamais ?

Et pourtant, posez la question autour de vous, dans d'autres équipes de ventes : « Que faites-vous pour la formation de vos vendeurs ? ». Vous obtiendrez souvent comme réponse : « Nous avons organisé un séminaire avec un animateur excellent – Comment s'appelle-t-il déjà ? – il y a quelques années. » (Une date vieille de dix ans n'est pas rare !). « Et depuis ? », « Chacun se forme à sa guise ». Autrement dit, rien. Même

---

1. Les 4/20 sont les 20 premiers centimètres ; les 20 premières secondes ; les 20 premiers mots ; les 20 premiers pas . C'est l'analyse des premiers instants du contact.

2. L'Alternative, ou le « ceci ou cela », consiste à proposer au client un choix positif : Préférez-vous ce modèle, ou bien celui-là ?

54

pas l'indispensable formation technique à l'évolution de leurs produits. Quant à l'entraînement, qui devrait conduire à des réflexes du type « C'est vrai, nous sommes cher ; il y a des raisons... », il est peu fréquent.

> *Former, ou plutôt entraîner, est un état d'esprit permanent ; et non une action de quelques jours sans suite.*

Une formation n'est ni une punition – « Tes chiffres sont mauvais, vas te faire secouer un peu en séminaire. » – ni une récompense – « Tu as de bons résultats, tu peux aller le temps d'une pause réfléchir à Barbizon, tu l'as bien mérité. ». Ni une perte de temps, ni un retour en arrière sur les bancs de l'école de notre enfance. C'est au contraire la préparation du futur. C'est un investissement indispensable ; votre métier, votre marché, vos clients évoluent, et à grande allure. Les acheteurs, vos acheteurs, sont aujourd'hui formés, entraînés. Si vos vendeurs ne le sont pas, la partie est inégale.

Le « climat du climat »

C'est à vous, bien évidemment, d'agir pour créer, et maintenir, un état d'esprit « preneur », de curiosité mais aussi de désir de progresser. Et pourquoi pas, en plus, un peu d'entraide.

Le plus important est... votre exemple. Vous êtes leur responsable ; consciemment ou non, votre équipe s'identifie à vous, finit par vous ressembler, vous prend – ne souriez pas, c'est très souvent vrai – pour modèle. Au plan du vocabulaire, par exemple ; un excellent chef des ventes, dans une coopérative agricole, ponctuait ses interventions face à son équipe de tonitruants « Merde alors !... », accompagnés d'un bon coup de poing sur la table. « Le collègue Untel nous fait des misères sur ce secteur... Eh ben, Merde alors !, on va lui faire voir, on va contre-attaquer ». « Ce nouveau phyto, on va le vendre partout, Merde alors ! ». Par un mimétisme frappant, toute l'équipe utilisait la même expression colorée ! Et en « rrroulant » les R comme il se doit.

Donnez donc l'image de ce que vous êtes, soucieux de vous perfectionner sans cesse, de progresser ; osez leur dire « J'ai découvert à ce congrès que... », « Il faut que je me perfectionne en... » « Une journée où je n'ai rien appris est une mauvaise journée » et autres phrases qui montrent votre souci personnel d'apprendre.

> *Sachez que votre équipe suit votre exemple. Utilisez ce fait pour créer des comportements positifs.*

Bannissez l'idée même de contrôle de toute formation, quelle que soit sa forme (Nous examinerons plus loin cette nécessité, l'un des infinitifs de Fayol qu'est contrôler). Le seul critère de la valeur de votre équipe, ce sont ses résultats sur le terrain et non sa participation plus ou moins active à telle session. Hélas, encore aujourd'hui, l'enregistrement en vidéo d'un cas de vente suscite des inquiétudes qui se révèlent lorsque vous leur donnez la cassette, car c'est la leur, après tout, « Je croyais que vous vouliez la voir avec la direction... ». Comme chacun sait, le seul contrôle d'une formation porte sur... le formateur ; le très ancien dicton de pédagogie :

> « *Si l'apprenti n'a pas appris, l'instructeur n'a pas instruit.* »

en est la preuve !

En agissant ainsi, en montrant l'exemple par votre propre perfectionnement, et en dédramatisant toute formation pour la rendre banale, et normale, vous aurez une équipe qui entretiendra spontanément un climat de perfectionnement permanent... Mais parce que vous aurez su créer... « le climat du climat ».

Surtout si vous savez tenir compte du niveau de votre équipe.

Où en est votre équipe ?

Prenons, si vous le voulez bien, un exemple. Nous avons tous appris à conduire. Mais dans ce type d'apprentissage nous avons traversé plusieurs périodes, où notre soif de connaissances était inextinguible, ou bien à l'opposé totalement absente.

1. Le « débutant »

Ah ! Ce premier jour de conduite. Enfin nous allions pouvoir conduire une vraie voiture. Vous vous souvenez certainement du modèle. Le moniteur expliquant la clef de contact, et nous toute ouïe pour ne pas en perdre une miette. Le débutant a toujours cette envie d'apprendre ; il met toute son ardeur à potasser le code par cœur, ouvre grand ses yeux. Certes, parfois l'enthousiasme chute ; « collé » trois fois au code, il pense qu'il n'y arrivera jamais ; mais un peu d'encouragement suffit à le pousser à franchir ce mauvais pas.

L'attention est extrême : le clignotant, le véhicule derrière, le feu qui est... vert... Vérifions bien ! Et en possession du papier rose triomphal (toujours le goût des parchemins ! Nous nous en servirons plus loin) nous restons, autrefois avec notre « 90 » devenu un « A », un conducteur attentionné, prudent, du moins tant que nous ne sommes pas en phase 2.

Le « débutant », quel que soit son âge, est une éponge, prêt à tout absorber, et avec plaisir.

Il sait... qu'il ne sait pas ; comme le moniteur détient à ses yeux la compétence, il boit ses conseils avec une crédulité qui lui fera prendre pour vérité même une plaisanterie ! Ce ne sera certes pas le cas dans la phase suivante.

2. Le « junior »

« Je sais. Moi, j'ai conduit... presque 10.000 km ! Ce virage, il passe à 87 km/h. Je l'ai passé au moins cent fois. Pourquoi cet ancêtre encombre-t-il la route ? Les gens de son âge, ils ne devraient plus conduire ! »

Période bien connue des assurances, à cause des sinistres !, ce moment où l'on croit savoir, est le plus négatif, le plus rétif, face à toute formation, toute suggestion. Un sentiment de certitude, d'invulnérabilité, de maîtrise absolue est caractéristique de ce niveau, et uniquement de celui-ci. C'est pourtant un stade où il y a encore beaucoup, beaucoup à apprendre. « Moi, aller me former ? C'est une plaisanterie ! ». Le mot d'entraînement est à peine admissible...

Ce n'est plus la soif de perfectionnement ; c'est le refus de boire !

Il est persuadé de tout savoir, bien mieux évidemment que le moniteur. Quel rabâcheur ringard, celui-là.

Il sait... un peu. Mais il est persuadé qu'il sait tout.

3. Le « confirmé »

« Combien de kilomètres ? Je ne compte plus depuis longtemps ! 500.000 ? Ou 900.000 ? Ce virage passe vers 80, s'il fait beau. Et si une voiturette n'est pas au milieu ! Et les matins d'hiver, lorsque le thermomètre est à + 1°, je suis plutôt lent ».

Comme le ton est différent ! L'expérience a été définie par un humoriste comme « Une suite de coups de pieds au derrière qui profite à ceux qui ont de la mémoire ». Le « confirmé » en a, de l'expérience. Et des habitudes, des réflexes.

C'est la difficulté inhérente à cette phase : si votre formation est un simple entraînement à des techniques qu'il maîtrise déjà, votre « confirmé » accepte : Vous le sécurisez dans sa routine. Mais modifier les habitudes...

La soif existe, mais en fonction du breuvage, et du flacon.

Il sait, et il sait qu'il sait; a-t-il envie d'apprendre encore ?

Si oui, il pourra atteindre la phase suivante.

4. L'« expert »

Nous pensons tout de suite aux grands de la formule 1, mais ils ne sont pas seuls ; passionnés de kart ou de formule 3, 37e place dans les rallyes ou courses de côtes, etc. Eux connaissent les réglages de la suspension, et sont « contre » l'ABS car ils ont besoin de bloquer leurs roues...

Comment savent-ils tout cela ?

La réponse est évidente : l'« expert » se perfectionne sans cesse, par tous les moyens. Il lit, pratique, s'entraîne, observe et analyse les résultats – les siens et ceux des autres, y compris des adversaires – essaie tout ce qui est possible, cherche en permanence à s'améliorer. Toujours positif, « l'expert » trouve au milieu de 200 pages qu'il connaît déjà confirmation de deux idées, et il est heureux : il n'a pas perdu son temps[3] ; il pardonne les quelques erreurs qui y figurent, c'est pour lui inévitable. Mais il ne supporte pas l'incompétence, surtout ornée de prétention.

Soif permanente donc... si le breuvage n'est pas toxique.

Il sait beaucoup, et en est très conscient ; mais il sait aussi qu'il a encore à découvrir, à s'informer, que les certitudes se périment.

Et comme il est passionné il aime apprendre, encore et toujours.

Votre équipe de vente évolue entre ces quatre phases

Les « débutants » ont une telle envie d'apprendre qu'ils vont épuiser... le formateur ! Vous avez besoin de vous relayer, pour maintenir un rythme inconcevable avec d'autres ; il est vrai aussi que leurs neurones sont au sommet de leur forme. Vous pouvez être plus que directif ; ils sont heureux que vous les guidiez fermement.

---

3. Ami lecteur « expert », c'est en tout cas ce que souhaite l'auteur pour le temps que vous consacrez à cet ouvrage !

Laure est directrice du développement, titre signifiant dans ce cas chef des ventes, dans une entreprise familiale de sous-traitance, de 30 personnes environ. Naturellement le commercial y était assuré par le chef d'entreprise lui-même, qui manquait de temps pour gagner de nouveaux clients – pas un seul en 5 ans ! Aussi, pour prospecter, Laure a recruté deux jeunes, bien armés par leurs études sur le plan technique, mais ne connaissant le monde des entreprises qu'au travers de quelques stages et autres jobs d'été. En arrivant, dès le premier matin, les nouveaux reçurent un cahier d'écolier, à spirale, sur lequel noter la synthèse personnelle de l'acquis quotidien ; un pour la synthèse commune ; et un troisième cahier pour les idées neuves dont les « débutants » sont si riches. Chaque jour commence par l'examen des cahiers ! Ajoutez quelques lectures – obligatoires, la synthèse sur le cahier – comme l'Usine Nouvelle, la revue de la profession, deux ouvrages sur les techniques de vente, un autre sur l'économie... Plutôt primaire, diront certains, et c'est vrai ; mais les résultats sont heureux. Il faut dire que Laure non seulement respecte ces jeunes, mais elle les adore, et ils le sentent. Alors ils passent des clients, qu'ils découvrent en visites d'accompagnement avec le PDG ; à la fabrication ; puis à trois jours de formation de base en techniques de vente ; ensuite au service des devis, avec retour à la fabrication... quatre semaines enrichissantes, mais très intenses.

Devenus « juniors », nous avons vu qu'ils entrent dans la période du refus de boire. Ces stages de formation, quelle perte de temps ! Pour leur donner soif, faire faire et analyser le résultat est le moyen le plus rapide, communément dénommé la « méthode de la piscine » : pour lui apprendre à nager, mettez-le à l'eau.

Vous vous retrouvez, avec une équipe de vente, pour une journée d'apprentissage à la conduite sur route glissante. En 1/4 d'heure, le moniteur, remarquable pédagogue, sent la situation : c'est nous, les élèves, qui allons lui apprendre comment contre-braquer ! Aussi il nous entraîne vite à la piste, où tout le groupe se répartit joyeusement dans les voitures. Enfin le départ. C'est pour conduire que nous sommes là, sûrement pas pour de la théorie.

Mais les tête-à-queue se succèdent et, malgré les conseils reçus à la radio, aucun d'entre nous n'arrive à prendre ce maudit virage. (À la fin de la journée, ce sera mieux. Et au moins nous savons qu'il nous reste des progrès à faire). Il est clair que, de retour en salle, nous sommes bien plus enclins à écouter, et à apprendre.

Vous pouvez, dans votre équipe, mettre votre « junior » devant une caméra vidéo et lui faire jouer un cas de vente ; mais attention à la noyade, surtout face aux collègues. Plus sûr : confiez-lui un sujet à traiter, en 10 ou 20 minutes, à votre prochaine réunion. Vous l'aidez, bien sûr, à préparer : en lui indiquant quels livres lire, quels cas citer, quelles illustrations préparer... Il y mettra certainement du cœur, et aura appris beaucoup. Qu'il est loin de tout savoir, entre autres. En le félicitant de sa prestation, vous l'encouragerez à poursuivre. C'est la piscine, mais le maître-nageur veille à la survie du « junior », et soutient le désir naissant de progresser ; il est vital de soutenir le moral de votre « junior » qui est fragile... bien qu'il le cache soigneusement.

Votre équipe comporte des « confirmés » ? C'est le cas le plus fréquent. Le danger, nous l'avons vu, est de laisser la routine les gagner. Utilisez donc tout événement pouvant briser celle-ci : lancement de toute nouveauté, modification du marché, arrivée de « débutant », etc. Variez les lieux de réunion – ils finissent par « s'installer » à l'hôtel habituel, où ils descendent depuis trop longtemps – le plan de table, les horaires et les jours... Surprenez-les, ils adorent. Et faites-en des alliés, en les impliquant dans la conception et la préparation de toute action. Encourager et féliciter est presque aussi important que pour les « juniors » ; ils ont besoin que leur valeur soit reconnue, et leurs efforts pour sortir de la routine si sécurisante doivent être cités en exemple.

L'« expert », les « experts » si vous avez de la chance... ou de l'expertise, soulèvent peu de difficultés. Ils sont conscients de leur grande valeur, que donc ils n'étalent pas ; ils ont moins que les autres besoin de félicitations ou d'encouragements. Un peu quand même : que leur niveau soit reconnu, c'est obligatoire. Pour le formateur, un groupe de ce niveau est un rêve ; vous définissez le sujet, et vous leur laissez le soin de le traiter. Il vous reste, en finale, à apporter, comme eux, les deux ou trois éléments supplémentaires oubliés, et à faire la synthèse... en remerciant de ce qu'ils vous ont appris ; car avec eux vous apprendrez toujours beaucoup.

> *Adaptez votre pédagogie au niveau de votre équipe.*
> *Au fait, quel est ce niveau ?**

Gare au retour en arrière !

Votre équipe part donc du niveau 1, « débutant », pour passer au 2, « junior », puis au 3 et enfin tendre vers le niveau 4, mais...

Comme ce serait beau si c'était toujours vrai. Car, hélas, il peut y avoir retour en arrière. En quelques mois, disons une paire d'années, le recul est étonnant.

---

* Pour évaluer les niveaux d'expertise de vos équipiers vous trouvez méthodes, outils, et surtout exemples concrets dans *La compétence au cœur du succès de votre entreprise*, de Nadine Jolis, Éditions d'Organisation.

Ils étaient des Aigles. Leaders sur leur marché, avec une gamme de prix un peu au-dessus des autres, ils étaient la référence de leurs confrères. Tous d'excellent niveau, de compétence technique bien sûr mais aussi grands vendeurs, sachant monter opérations de promotion et autres portes ouvertes, ils étaient pour leurs clients des confidents, de véritables conseils d'entreprise, aidant à réfléchir la politique commerciale, et à l'appliquer. Pour vendre leurs produits ils avaient une devise simple : aider leurs clients à en tirer le meilleur parti possible. Impliqués jusqu'au client terminal dans les actions qu'ils préconisaient et organisaient, ils maîtrisaient vraiment la parfaite connaissance de l'ensemble du marketing sur leur secteur. D'où les résultats : à produit comparable et tarif égal, ils avaient toujours la commande ; et avec un écart, souvent... Vous devinez aussi l'ampleur du travail, l'effort constant que cela suppose.

Ils étaient des Aigles, planant au-dessus de la mêlée.

Que s'est-il passé ? Départ du chef des ventes qui était l'âme de toute l'action, avec arrivée d'un successeur préoccupé de recentrer sur le « vrai métier » et de réduire les coûts, comme le prétend une certaine mode ? Changement de la concurrence internationale et de la conjoncture ? Légère détérioration de la qualité technique, une fois de plus pour la maudite réduction des coûts ? Arrêt de toute action de formation et, infiniment plus grave, de l'état d'esprit de la nécessité permanente de progresser ? Suppression des joyeuses réunions où l'on travaillait intensément, mais dans une ambiance chaleureuse, et même rigolarde, pour se retrouver une seule fois par an dans un esprit bien hiérarchique et surtout très, très, sérieux ? Peut-être un peu de tout cela.

Mais nos Aigles sont redescendus au niveau « juniors ». L'un d'eux vous explique qu'avec la concurrence sauvage, et la conjoncture, pour vendre aujourd'hui il n'y a que le prix. Ou alors vendre aux amis, qui achètent pour vous faire plaisir. Il n'y a que ça pour limiter la casse ! Ils sont devenus des... porteurs de tarif, qui pour séduire le client l'invitent à déjeuner, et ne négocient plus guère que l'origine et l'année du Bordeaux qui va être dégusté.

Tous ? Non ! Quelque part se trouvent deux irréductibles Gaulois, comme dirait Astérix, qui sont toujours des Aigles ; loin du siège, qui n'ose pas les importuner car leurs résultats sont toujours excellents, contrairement à ceux des « juniors », ils règnent sur leur secteur en appliquant les mêmes méthodes, le même état d'esprit. Discrètement, ils mettent en œuvre leur politique à eux, expliquant si d'aventure il leur est demandé quelque précision de détail que chez eux, c'est un cas très particulier ; en réunion ils acquiescent en silence, laissent les « juniors » leur faire la leçon, et ne vexent personne. Bien sûr, ils ont émis, avec force et conviction, des suggestions lorsqu'ils ont pris conscience de la dangereuse dérive de l'équipe ; au début. Car ils ont vite compris que ce n'était pas dans l'air du temps. Alors ces irréductibles, n'ayant pas l'ambition de conquérir Rome, sont heureux... en gérant leur village.

Et l'équipe d' Aigles... n'est même plus une équipe.

> *Vos Aigles peuvent donc redevenir des « juniors ».*

L'état d'esprit que ce niveau comporte, nous en avons parlé ; et aussi les résultats, pas fameux. Vous pensez qu'il est facile de s'en apercevoir ? Détrompez-vous.

Ce type de régression est dangereux, peut-être parce que nous admettons mal, dans notre pays, qu'une fois acquis un niveau de compétence ce niveau puisse se dégrader. Tout se passe comme si, après avoir obtenu le « diplôme de Très Bon Vendeur », nous l'étions... à vie ! Ou mieux encore, comme si notre valeur et notre efficacité s'accroissaient automatiquement avec l'ancienneté. Et ce retour en arrière passe alors inaperçu, dans une entreprise persuadée de la haute valeur de son service commercial, et de la seule raison de la baisse de marge et de chiffre d'affaires : la conjoncture. La chute est d'ailleurs lente, et d'autant plus facile à justifier.

Ce phénomène est la raison même de l'existence de la fonction de chef des ventes, quel que soit ce titre dans votre entreprise, dont l'équipe est arrivée à un niveau satisfaisant de « confirmés » et d'« experts » ; une telle équipe fonctionne, au premier coup d'œil, quasiment seule ; et son responsable peut parfois avoir l'impression d'être quelque peu inutile. Sa tâche est pourtant essentielle : maintenir l'équipe à ce haut niveau, et même (c'est toujours possible) la pousser encore à progresser.

La vente, vous le savez, est un sport. Vous êtes comme l'entraîneur de l'équipe de rugby, celui qui oblige à garder la forme et à devenir meilleur. Entraîner, c'est répéter, répéter ; jusqu'à l'acquisition de réflexes.

> *Vous êtes chef des ventes ?*
> *Votre raison d'être, c'est de faire progresser votre équipe.*
> *Même, et surtout, si elle est déjà excellente.*

Pour cela, constamment entretenir le « climat du climat », cette soif d'apprendre, sur des sujets variés. Et, heureusement , ils sont nombreux, ces sujets !

Les thèmes indispensables

1. Votre produit et toute sa technique

Connaître, et aimer, son produit est indispensable, nous l'avons vu. Et connaître à fond le produit que l'on vend, mais aussi celui des concurrents. Comment il est conçu, pour quel usage, comment il est fabriqué, et pourquoi, de cette façon-là, avec cette matière-là, etc. Un moyen simple et amusant de vérifier les compétences, au démarrage de votre réunion, est de donner à remplir à chacun un QCM – Questionnaire à Choix Multiple – où il suffit de mettre la croix dans la bonne case ; pour créer une ambiance plus souriante, offrez un prix surprise : un livre sur la vente à celui qui fournit les meilleures réponses, ou un Châteauneuf du Pape à celui qui est le moins bon pour l'encourager et le consoler. Il rapportera son prix à la maison, et sera obligé de faire un compte rendu positif au deuxième chef des ventes : elle, l'épouse, qui voudra savoir comment il a gagné.

Qui peut mieux vous aider sur ce thème que votre équipe technique ? En impliquant vos collègues responsables de cette fonction vous améliorerez de plus bien des points de friction. Si votre activité essentielle est le négoce, utilisez les possibilités offertes par vos fournisseurs, qui adoreront vous aider à connaître les avantages de leurs produits ; et qui préfèrent vous apporter les moyens de progresser, plutôt que de discuter toujours et encore de remises.

Pensez évidemment à décortiquer les produits concurrents ; il est si utile de découvrir que le confrère dont les clients vous ressassent les mérites offre sur tel et tel point des faiblesses... qui expliquent son tarif !

Vous le voyez, le champ est vaste. Votre technique de fabrication, vos matières premières, votre niveau de qualité, votre emballage, votre service, les solutions que vous apportez au client pour tel problème, tout cela, vous l'améliorez sans cesse. Vos vendeurs doivent bien sûr, non seulement en être informés, mais encore être formés à être les meilleurs des techniciens.

> *Vendre, c'est connaître son produit[4] à fond,*
> *et sur ce thème, nous avons tous, et toujours, à progresser.*

---

4. Il est clair pour tout vendeur que le concept « produit » recouvre l'usage qu'en obtient le client, et tous les « plus », de l'ancienneté de l'entreprise, ou son implantation, sa logistique, son après-vente, etc. suivant le cas . Ce sont évidemment les solutions apportées au(x) problème(s) du client que l'on vend, depuis toujours; et non la description technique seule. Voir à ce propos les nombreux ouvrages existants, certains très anciens, sur les techniques de vente.

2. Le marketing

Il y a 10 ou 15 ans, en traçant sur un tableau de papier la courbe de vie du produit, vous étonniez les équipes de vente qui découvraient ces concepts. Aujourd'hui, Jean, représentant, vous explique sur le stand de son entreprise au salon « Coutellia » à Thiers pourquoi le Laguiole est en phase 3, la phase de maturité du produit et même, disent certains, en phase 4, la phase de déclin ; qu'il sera donc remplacé par le Thiers qui est, lui, au début de sa phase 2. Vos clients eux-mêmes utilisent ce vocabulaire et vos vendeurs doivent connaître les 4 P. du mix et les 3 A. de Coca-Cola[5], sous peine d'apparaître un tantinet périmés !

De plus, comment fixer des objectifs acceptables car perçus comme réalistes par vos vendeurs, sans utiliser le taux de pénétration, les couples client-produit, etc. ? Sur toutes ces notions, la littérature est abondante ; encouragez votre équipe à lire ; désignez celui qui sera responsable de « Culture PUB » sur M6, pour regarder l'émission, en faire la synthèse et enregistrer un passage intéressant pour le montrer à ses collègues... En déléguant ces aspects au jeune que vous venez d'intégrer, et qui a souvent de solides compétences en ce domaine, vous lui permettrez d'apporter une contrepartie aux anciens qui l'épaulent sur d'autres plans, donc de faire partie de l'équipe.

Si vous travaillez à travers un réseau de distribution, pensez à franchir l'écran qu'il forme entre vous et le client final parfois désigné comme le destructeur du produit : le consommateur. Lors des Arts Ménagers, à l'époque où ce salon avait lieu à Paris, à La Défense, les premiers jours étaient réservés aux professionnels ; là toutes les équipes de vente étaient présentes au grand complet. Puis arrivaient les journées grand public ; tous les commerciaux, et leurs responsables, s'envolaient comme une volée de moineaux, laissant de corvée le Parisien et le dernier recruté. Peu d'équipes utilisaient cette obligation pour retirer du contact avec madame Cliente des éléments pourtant bien utiles !

De même, les animations en grandes surfaces, où une aimable personne vous propose de goûter, d'essayer et d'acheter tel produit, ont lieu le vendredi et samedi, jours d'affluence. Peut-être est-ce la raison du peu de contact des équipes de vente avec les animatrices, qui ont pourtant bien des choses à nous apprendre sur la consommatrice finale.

---

5. Product, Price, Place, Promotion sont les éléments du mix . En Français « le marchéage ». Les 3 A sont Awareness (être conscient de l'existence du produit) ; Acceptability (produit séduisant, prix acceptable) ; Availability (produit disponible et facile à trouver).

Enfin ouvrez les yeux de votre équipe sur le monde. Comment sont commercialisés vos produits, ou les produits analogues aux vôtres, en Espagne, en Grande-Bretagne, aux USA ? Lorsqu'un de vos vendeurs, ou son fils étudiant, y part en vacances, demandez-lui de rapporter quelques diapositives, plaquettes et documents variés. Sans aller jusqu'à une véritable étude, et à moindre coût, l'exotisme permettra au moins de réfléchir, et éventuellement de progresser.

> *Le vrai marketing commence sur le terrain, par le contact avec le client terminal – le destructeur du produit.*

3. L'organisation du travail du vendeur

Tout vendeur est, nous l'avons vu, par nature plus intuitif qu'organisé. Améliorer l'organisation accroît l'efficacité et secoue la routine, dans laquelle nous tombons tous facilement. Quels sont les premiers clients du lundi matin ? En analysant les feuilles de rapport on voit parfois qu'il s'agit toujours des mêmes ; or l'impact sur le moral de cette première visite de la semaine est grand. Vous l'avez sûrement vous-même ressenti : lorsque l'on en sort heureux, avec une belle commande, on se sent en forme toute la semaine ; mais au contraire si ce premier contact est déplaisant, si l'on échoue, si l'on est battu, voilà les « La période est mauvaise... Je ne ferai rien de bon avec cette conjoncture... etc. » qui nous conduisent à moins y croire, et à vendre avec moins d'efficacité. Changer ce premier client peut améliorer les résultats...

Guerre à la routine !

Les sujets et les outils qui aident à progresser sont connus. Depuis la prévision des tournées*, en passant par l'organisation administrative de chacun, l'aménagement du bureau qu'est la voiture.

Pour ces thèmes, une fois de plus pensez à déléguer, à les faire participer. Par exemple prévenez votre équipe qu'à la prochaine réunion vous examinerez l'équipement des voitures ; vous découvrirez que l'un a bricolé fort habilement un casier en bois, aux bonnes dimensions, dans lequel vos catalogues et autres prospectus sont rangés et protégés ; qu'un autre a découvert un modèle de chariot en aluminium repliable qui transporte en une seule fois et sans effort toute votre collection ; qu'un troisième a découpé un contreplaqué qui se pose parfaitement sur le volant et la console pour permettre de travailler sur l'ordinateur portable posé comme sur un bureau, etc. En mettant en commun ces solutions, vous améliorez l'efficacité, et le confort, de tous.

---

* Voir à ce sujet l'excellent livre de René Moulinier : *Organiser les circuits de visites commerciales*, Les Éditions d'Organisation.

4. Les techniques de vente

Les concepts de ces techniques sont simples, nous l'avons vu. La difficulté est dans la pratique. En allant sur le terrain, avec eux, vous verrez sur quels plans il est utile de les entraîner.

Est-ce sur la façon de se présenter ? Ou questionner, découvrir le client ?* Ou comment démontrer, manipuler vos produits ? Répondre aux objections ? Utiliser les armes que vous avez définies pour négocier ? Défendre, car il est toujours attaqué, votre tarif ? Les thèmes sont multiples, et vous devez choisir : les entraîner « à vendre » est un objectif qui regroupe tous ces concepts. Objectif global bien trop ambitieux... et impossible à atteindre.

Lorsque sont ainsi définis vos objectifs, souvenez-vous que le but est atteint lorsque votre équipe a acquis de véritables réflexes, et non pas seulement une connaissance intellectuelle ; donc

> *Former, c'est répéter. Et encore répéter.*

Une session de formation peut être un début, mais l'efficacité vient du suivi : dans le compte-rendu, dans l'accompagnement sur le terrain, dans le journal de l'équipe de vente, au téléphone, au moment d'un concours de vente, utilisez tous les moyens possibles pour répéter. L'humour vous aidera beaucoup dans cette tâche fastidieuse, surtout pour celui qui répète.**

Pour ces techniques de vente, pensez aussi à former les personnes qui ne dépendent peut-être pas de vous, mais dont les fonctions les portent constamment au contact du client : la standardiste, les chauffeurs, l'administration des ventes, l'après-vente, etc. ont eux aussi besoin d'un minimum de formation et d'entraînement.

Ils sont en première ligne pour toutes les réclamations du client.

Leur influence sur les résultats de l'entreprise, sur son image, est grande ; et trop souvent sous-estimée.

Quelques aspects pratiques

1. Les questionnaires à choix multiples (Q.C.M.)

Deux exemples pour nous exercer, et nous détendre !

---

* Voir à ce sujet : *Les questions qui font vendre*, P. Rataud, Les Éditions d'Organisation.
** Pour faire le plein d'humour voir « *Commercial je me marre !!!* » Gabs et Jissey, Éditions Eyrolles.

Quel argument préférez-vous ?

(Mettre une croix dans la case correspondant à votre choix).

1. **A/** La preuve est faite que ces outils sont actuellement sans rivaux. ☐
   B/ Voulez-vous prendre cet outil en main et me dire si on peut obtenir une meilleure finition ? ☐

2. **A/** Cette tondeuse à gazon est une réussite sensationnelle du point de vue technique ; en voici les preuves... ☐
   B/ Vous désirez tondre sans effort une pelouse très fournie sur un terrain en pente ; ce modèle vous le permet. ☐

3. **A/** Je vous affirme que les sièges de notre voiture sont les plus confortables qui existent actuellement sur le marché. ☐
   B/ Voulez-vous vous asseoir ? Vous me donnerez ensuite votre point de vue sur le confort de nos sièges. ☐

4. **A/** Mon aliment pour lapins est pratiquement le même. Mais il est présenté en sacs de 5 kg . Essayez-le ! ☐
   B/ Mon aliment pour lapins est pratiquement le même et le prix est équivalent. Prenez-le donc chez moi ! ☐

5. A un détaillant :
   A/ C'est un produit de première qualité, et d'un prix sans concurrence, vous êtes bien d'accord avec moi, M. Durand ? ☐
   B/ Tous nos clients nous demandent cet article qui est préféré par les consommateurs. ☐

6. **A/** Je ne me souviens pas de votre nom. ☐
   B/ Vous êtes qui ? ☐
   C/ Quelle est l'orthographe exacte de votre nom ? ☐

7. **A/** Pour 700 francs y compris l'installation, le meilleur rapport qualité-prix existant en antennes paraboliques aujourd'hui. ☐
   B/ Voici les modèles dont nous disposons ; quant au paiement, il peut se faire en trois fois. Choisissez ! ☐
   C/ Vous aimez le sport, les films ; avec cette antenne vous n'en manquerez pas ! ☐

8. **A/** La consommation, normes UTAC et non normes CEE, est de 7,02 L à 90 km/h et de 11,7 L en cycle urbain. ☐
   B/ Je ne me souviens plus de la consommation théorique, mais l'autre jour pour le trajet jusqu'à Nice, j'ai fait moins de 8 L aux 100. ☐

Mettre une croix dans la case correspondante à votre réponse.

1. « J'ai déjà un fournisseur »
  - – Comment s'appelle-t-il ? ☐
  - – Et vous en êtes, sûrement, très satisfait. ☐
  - – C'est impossible, nous avons l'exclusivité ! ☐

2. « Chez X, j'ai la même chose et moins cher »
  - – Est-ce bien le même produit ? ☐
  - – La même chose ? ☐
  - – Moins cher de combien ? ☐

3. « Je veux payer à 120 jours ! »
  - – Bien sûr, avec plaisir ! ☐
  - – 60 jours maximum, c'est la règle. ☐
  - – J'allais vous suggérer de grouper vos commandes pour payer à 60 jours. ☐

4. « J'ai déjà commandé »
  - – Vous avez bien raison. Voyons 3 avantages que vous offre
    notre solution :... ☐
  - – Chez qui ? Combien ? ☐
  - – On peut toujours annuler une commande. ☐

5. « Je veux réfléchir »
  - – Bien sûr. C'est pourtant évident. Vous voyez que... ☐
  - – Vous avez raison. Réfléchissons ensemble... ☐
  - – A quels points, par exemple ? ☐

6. « J'ai pas d'argent »
  - – Vous avez 10 % de remise, et en plus le délai de paiement maximum. ☐
  - – Pourtant le prix est très intéressant. ☐
  - – Nous verrons cela tout à l'heure. ☐

7. « Et pour moi personnellement, quel chèque me donnez-vous ? »
  - – Désolé, c'est impossible. ☐
  - – À votre nom, ou à celui d'une tierce personne ? ☐

8. « Je n'ai pas de besoin en ce moment »
  - – Tant pis, je repasserai dans un mois. ☐
  - – En ce moment ? ☐
  - – Si vous commandez aujourd'hui, vous serez livré dans 3 mois. ☐

9. « Je tiens à être livré après demain avant 16 h »
  - – Bien sûr ! Pas de problème ! ☐
  - – Puis-je téléphoner pour vérifier que cela est possible ? ☐
  - – Je vous l'ai dit, nous livrons sous 48 h. Vous êtes donc sûr d'être
    livré à temps. ☐

P.S. : *Pour vous, qui voulez vérifier l'exactitude de vos réponses, voir pages 153 et 154.*

Vous le voyez, le principe du QCM est très simple. Sur quel point voulez-vous faire progresser votre équipe ? Le réflexe de vendre vos différences ? Utiliser le principe « Faire voir, faire toucher, faire jouer le client » ? Leur rappeler que le délai de paiement est un élément vital du prix ?

Lorsque vous avez déterminé les sujets à aborder, vous élaborez deux, ou trois possibilités de réponses, en ajoutant si cela est possible une touche d'humour.

Puis vous faites remplir le QCM, soit individuellement soit par petits groupes de trois ou quatre participants ; pour susciter un débat vous demandez pourquoi leur choix sur la réponse 1 plutôt que sur la 2, etc.

2. Les cas de vente (Sketchs de vente)

C'est la méthode qui vous permet d'entraîner vraiment votre équipe. Vous pouvez créer trois groupes : le premier préparera et jouera le rôle du vendeur ; le deuxième préparera et jouera le rôle du client ; quant au troisième, il sera observateur, chargé de noter et de nous fournir l'analyse de tout ce qui sera réussi. Inutile de faire noter, et même d'évoquer ensuite les erreurs et autres points négatifs, pour deux raisons :

• Nous sommes tous très forts pour relever les fautes. Surtout celles des autres !

• Nous avons vu qu'un objectif de toute formation est le moral de votre équipe, et bien sûr ce moral s'améliore avec une approche positive, plutôt que négative.

En constituant trois groupes, l'idéal est de disposer de trois cas, ce qui permet à chaque groupe d'être tour à tour vendeur, puis client, puis observateur. Il est parfois possible que le rôle le plus formateur, celui dont ils retirent le plus, soit celui... du client ! Après tout, vendre, c'est d'abord connaître et comprendre le client.

Pouvez-vous utiliser les cas ?

L'élaboration des cas doit évidemment être fonction de l'objectif évoqué, le moral de l'équipe.

> *Tout cas doit permettre de « gagner ».*

Inutile d'enfermer votre équipe dans une situation sans issue, du type : le produit est le même que celui de notre concurrent, bien le même ; le service, l'emballage, l'après-vente, la livraison, la notoriété, tout, absolument tout, est identique. Et notre confrère vend 20 % moins cher. Que faites-vous ? Vous et moi, comme vos vendeurs, nous ne pouvons que perdre. « Vendre, c'est vendre des différences » dit le principe bien connu. Et là, il n'y en a aucune ! Le meilleur des vendeurs est alors contraint soit de quitter monsieur Client en lui souhaitant bonne journée, soit d'aligner son tarif, voire de baisser d'un ou deux points de plus. Surtout si vous êtes vraiment, pour votre véritable vente, dans cette situation d'impasse, commencez avec votre équipe par définir vos différences ; il y en a sûrement quelque part. Et ensuite, lorsque vous aurez ces munitions pour vous battre, vous pourrez monter à l'assaut du client ; sinon, ce n'est pas l'assaut, mais le casse-pipe assuré ; toute l'entreprise accusant les vendeurs d'être des bradeurs de tarif, ce qui est vrai. Que peuvent-ils faire d'autre, puisqu'ils ne disposent que de cet unique moyen d'action ?

Suivez l'exemple des épiciers, qui vendent la même lessive ou les mêmes légumes mais 30 % plus cher... et offrent une différence simple : ils sont ouverts quand tous leurs concurrents sont fermés.

Vous le voyez, la décision d'entraîner votre équipe soulève des questions multiples, bien au-delà de l'objectif de cet ouvrage. Mais il est dans votre rôle de chef des ventes de créer, de maintenir, d'encourager, dans l'ensemble de l'entreprise une culture, un état d'esprit tourné vers la vente.

Et l'élaboration de cas de vente peut être l'occasion de se poser bien des questions.

Comment élaborer un cas ?

Vous déterminez sur quoi vous voulez faire progresser votre équipe. Puis vous écrivez deux rôles : un pour les vendeurs, l'autre pour les clients. Votre expérience est indispensable : les informations données doivent venir du vécu, être les plus réelles possible. Vos vendeurs doivent dire : « J'ai un client, dans la ZI au nord de Woippy, c'est exactement ça ! ». Il faut qu'ils reconnaissent leur vie dans les sujets proposés ; utilisez une photocopie de fiche client, un dossier d'appel d'offres, une facturation, tiré de cas vécus, les documents qui sont les vôtres. Donnez les informations qu'ils recueillent chaque jour, comme l'accueil, l'aspect extérieur des bâtiments, et toutes les sensations qui permettent, avant même de rencontrer le prospect ou le client, d'avoir une idée de ce que nous allons découvrir.

> *Vos cas doivent cerner au plus près la réalité.*

Vous trouvez en annexe, pages 155 à 176, trois exemples de cas correspondant à des objectifs variés : entraîner vos vendeurs à écouter, questionner, et découvrir le client ; ou à affronter une situation difficile comportant des aspects financiers ; ou à mieux résister à l'objection prix.

Quelques précautions indispensables

La méthode des cas est un médicament puissant ; attention à ce que la potion ne soit pas trop amère ! Vos vendeurs sont-ils capables de tirer parti de ce miroir d'eux-mêmes que vous leur présenterez ? Vous avez peut-être entendu parler d'équipes vraiment traumatisées par l'emploi maladroit de la vidéo.

L'âge, par exemple, peut jouer. Les moins de 30 ans sont nés avec un magnétophone à la main, et pour eux être enregistrés ou filmés par une vidéo est normal, banal. Mais vos baroudeurs de 50 ans, ou de 40, peuvent être atrocement gênés par ce procédé, qui n'a rien à voir avec leur vraie valeur sur le terrain.

Méfiez-vous des précédents ; dans une entreprise de grande taille, des cas de vente avaient eu lieu devant quelques directeurs venus spécialement du siège, alignés comme un tribunal, prenant des notes abondantes. Qu'importe la nature, l'usage réel de ces notes ! Une équipe qui a vécu ce genre d'expérience est convaincue qu'il s'agit bien d'un contrôle de sa valeur, qui conditionne son futur avancement. Vous aurez besoin de temps pour créer un esprit positif – le climat du climat – derrière ce type d'attitude. Il vous faudra « vendre » l'idée de l'entraînement. C'est parfois une vente qui exige du temps, pour effacer tous ces mauvais souvenirs.

Pensez à faire applaudir les premiers qui osent passer devant la caméra ; quel que soit le résultat de cette prestation, ils ont osé ; bravo, et merci, pour leur courage. Là encore, un cadeau-souvenir que vous baptisez Grand Prix de l'Audace sera le bienvenu. Pour les protéger de la pression due à la présence des collègues observateurs, qui transpirent en pensant que bientôt ce sera leur tour, vous pouvez les enregistrer seuls dans une pièce et simultanément les visionner avec le reste du groupe dans la pièce voisine.

Que faire de la cassette vidéo enregistrée ? Certes, l'effacer, devant eux, les rassurera. Mais moins que de la leur donner. Soit vous en utilisez une seule, que l'un d'entre eux conservera, détenant une sorte de mémoire de l'équipe ; et quelques années plus tard, le soir d'une réunion, revoir ce qui avait été enregistré pour nous entraîner à vendre le nouveau produit d'il y a 3 ans qui est devenu un classique, avec Untel qui depuis a été promu à tel poste, cela aide à créer l'âme de votre équipe ;

soit vous utilisez une cassette par participant et remettez à chacun celle de sa prestation. Le plus simple est de leur demander ce qu'ils préfèrent ; récemment une équipe choisit d'enregistrer une seule cassette, que l'un d'entre eux copia pour que chacun puisse la revoir chez soi. Vous êtes sûr que votre action de formation multiplie alors son impact.

> *Que deviendra la cassette enregistrée ?*
> *Précisez tout de suite que vous la leur remettrez.*
> *Ils seront plus à l'aise !*

L'idéal pour que l'ambiance soit libérée est peut-être que vous passiez vous-même devant la caméra. Mais vous ne pouvez utiliser les cas que vous avez mis au point : quand on connaît le dessous des cartes, c'est vraiment trop facile ! C'est donc à eux d'imaginer le cas que vous devrez affronter, et vous pouvez leur faire toute confiance pour élaborer un véritable piège, où vous aurez fort peu de chance de gagner ; c'est de bonne guerre. Allez-y, avec humour, sachez perdre, et faites-en ressortir les leçons. Ils attendent de vous du courage pour vaincre cette petite peur, comme ils ont su eux-mêmes en trouver ; et non que vous soyez un magicien.

Voulez-vous un exemple vécu de piège, élaboré par une équipe sympathique et de valeur ? C'est un cas de vente... un peu spécial.

Ils vous expliquent que vous allez jouer le directeur commercial ; vous êtes convoqué avec votre vendeur chez un très important client. Vous posez d'autres questions, mais il vous est répondu que c'est tout ce que vous avez besoin de savoir. Vous entrez, accompagné du complice hilare qui joue votre vendeur – il sait, lui – chez le client, la caméra tourne. Salutations, et le client explose :

« Je vous ai ordonné de venir parce que votre voyou de vendeur drague ma femme » et y réussit ; les détails précis sont fournis, en abondance !, sur les prouesses d'alcôve du vendeur.

Vous voyez que la situation est délicate. Et la caméra enregistre...

Nier les faits, c'est traiter le client de menteur ; abonder dans son sens, c'est déjuger votre vendeur. Même si tout cela est fictif.

Et toute l'équipe est là, à l'affût de votre réponse, attendant de voir comment vous vous sortirez de cette impossible gageure.

Par chance, l'auteur de ces lignes répondit ce jour-là que notre entreprise, à la suite de nombreuses demandes, venait dans le cadre de notre politique de nouveaux services de décider la création de cette nouvelle prestation, destinée aux épouses de nos meilleurs clients ; mais que le vendeur, par ailleurs excellent, avait omis de faire émarger le bon de saillie indispensable à la facturation. Si monsieur Client voulait bien le parapher, là, sur cette feuille, en lieu et place de sa femme...

Vous imaginez le fou rire général !

Vous le voyez, une fois encore, c'est l'esprit de cette action qui est l'élément primordial. Qu'importe la réponse. Vous avez osé, comme eux, affronter la caméra, vaincre cette petite peur, vous découvrir sur l'écran de télévision – vous êtes des leurs !

3/ Session inter ou intra-entreprise ?

Vous êtes l'objet de nombreuses propositions de cabinets de formation qui, comme André Bernole Conseil, vous offrent des sessions « inter » ou « intra » ; ce vocabulaire signifie, vous le savez, session où vous inscrivez un ou deux participants qui seront mêlés à des vendeurs d'autres entreprises, c'est la session inter ; ou réservée à votre équipe uniquement, c'est l'intra. La mode, car il y a en formation comme partout des modes, fut aux sessions inter ; elle est maintenant aux sessions intra... en attendant de changer à nouveau.

Pourtant il y a avantages, et inconvénients, dans les deux solutions. La session inter-entreprises vous permet, avec la possibilité d'un seul inscrit, de former votre nouvel engagé, de lui donner le vocabulaire commun de l'équipe ; l'investissement, en argent et en temps, est moindre ; l'ouverture sur d'autres métiers, appelée aux USA « benchmarking »[6] est profitable, si le groupe de participants est limité à 8 ou 10. Et à l'expérience, le niveau est toujours meilleur. Il est possible que les participants, conscients de défendre les couleurs de leur entreprise et de leur profession, s'impliquent davantage. Quant aux craintes de les entendre aborder les diverses rémunérations, le cas est exceptionnel : une seule fois en vingt ans, pour l'auteur ! Si vos vendeurs cherchent ce genre d'informations, ils ont bien d'autres sources. La session inter vous offre, lorsque vous cherchez un conseil extérieur que vous utiliserez pour vous aider à faire progresser votre équipe, un excellent test de l'entente que vous pourrez avoir avec ce formateur, en vous inscrivant vous-même.

La session intra-entreprise est plus concrète ; comme elle est destinée à votre équipe, elle est mise au point sur mesure avec vous. Dans la phase de préparation, le formateur a tourné sur le terrain un ou deux jours avec vos vendeurs ; vous avez, si besoin, élaboré avec lui quelques

---

6. Benchmarking : recherche des systèmes les plus performants existants, soit en interne, soit en externe. C'est une des définitions.

cas de vente, exactement adaptés à vos clients, votre métier ; c'est vraiment votre session. L'un des sous-produits est de souder l'équipe, comme pour toute réunion, nous reviendrons sur ce plan essentiel.

Un dernier point : si vous souhaitez que cette action soit ressentie comme vôtre, si vous voulez confirmer votre position de responsable de l'équipe, assurez vous-même l'ouverture, et la conclusion de la réunion. Et soyez le plus possible présent.

Nous aborderons plus loin la mise au point de votre réunion.

A FAIRE...	ÉVITEZ DE...
– **Faites progresser** votre équipe, et elle vous pardonnera tout.	– Penser que « Vendre, ça ne s'apprend pas » et que « C'est un don ». Comme le chante Brassens, sans technique un don n'est rien qu'une sale manie.
– **Montrez** à toute occasion que **vous avez appris,** et encore **beaucoup à apprendre.** Sur ce point comme sur les autres, **votre exemple sera imité.**	– Prétendre que « Vous savez », en tout cas, et tout propos. Ce n'est pas votre savoir qui vous donne votre pouvoir sur votre équipe, mais surtout votre personnalité – votre savoir-être.
– **Ne confondez** pas **former** et **contrôler :** « **Si l'apprenti n'a pas appris, l'instructeur n'a pas instruit ».** Seul le formateur est en cause.	– Utiliser votre session pour « jauger le potentiel » de vos gens. On peut être très bon aux entraînements, et très mauvais en véritable match. Et inversement !
– « Débutants », « juniors », « confirmés», « experts »... Où se situe votre équipe ? Et prenez garde aux régressions. Qui n'avance pas...	– Supposer que la valeur de l'équipe s'accroît automatiquement avec les années. L'avancement à l'ancienneté est-il adapté aux vendeurs ?
– **Former,** c'est répéter et encore répéter. Adoptez cette devise !	– Être persuadé que parce qu'ils ont entendu une fois traiter un thème, ils savent ; C'est peut-être vrai, mais le mettent-ils en pratique ?
– **Fixez comme premier objectif à toute action de formation, d'améliorer le moral.** Jouez sur l'humour et la bonne humeur ! En formation comme ailleurs, **faites-les gagner.**	– Élaborer des cas de vente où, pour les entraîner à la dure, ils ne pourront que perdre. Si vous leur montrez trop combien ils sont nuls, ils finiront par le devenir !
– Soyez très prudent avec la vidéo. Créez le « climat du climat ».	– Penser que se voir tel qu'ils sont, à la télévision, est banal. Cette découverte est toujours... une découverte !

Chapitre 4

INFORMER

> *Objectifs : optimiser l'utilisation des moyens,*
> *et accroître le sentiment d'appartenance.*

Nicole X. est l'une des figures marquantes de cette PME. Infatigable, toujours souriante, elle s'acquitte avec efficacité des multiples tâches que son poste, plutôt mal défini, de secrétaire du PDG lui impose. Bien sûr, elle est un peu le chouchou de l'équipe de vente. Justement, réunion de cette équipe ; certains arrivent la veille, en raison des distances. Et là, la nouvelle : « Vous saviez que Nicole a eu des jumeaux ? ». Réponse unanime : non. « Il paraît même que tout le monde vient de se cotiser pour lui offrir le landau, mais nous, personne ne nous a prévenus. C'est toujours pareil dans cette boîte, on n'est jamais au courant ».

Et à partir de cet incident, voilà une équipe qui se détache encore un peu plus de son entreprise. Nous l'avons déjà évoqué ; en raison de l'éloignement, de la solitude, vos vendeurs ont tendance à se sentir à part, à ne pas faire vraiment partie de l'entreprise. Si en plus ils s'estiment mal informés, comment auraient-ils vraiment l'envie de défendre votre entreprise, votre politique, votre tarif ?

Tout le monde sait que l'information a deux sens : depuis l'entreprise vers les vendeurs ; et à l'inverse, depuis les vendeurs vers l'entreprise – votre équipe, ce sont vos yeux sur le terrain.

(La communication entre les vendeurs, à l'intérieur de l'équipe, est abordée au cours des différents chapitres ; elle constitue évidemment la base de la vie de tout groupe).

De l'entreprise vers les vendeurs

Les sujets sont aussi évidents que multiples. Évidemment, tout ce qui concerne la politique de l'entreprise, les innovations commerciales mais aussi techniques ou administratives, etc. La situation de votre fabrication ; bien sûr en cas de retards de livraison votre équipe doit être informée, tout comme vos clients. Et les succès remportés, sur quelque plan que ce soit, améliorent toujours le moral, alors qu'ils sont moins diffusés que les échecs. Mais avec ces aspects objectifs et logiques, ajoutez-y tout l'humain possible, les nouvelles des uns et des autres. Ils sont loin et seuls, souvenez-vous ; alors tous ces événements simples, que l'équipe de foot de l'entreprise ait gagné le challenge de la commune, que les jumeaux soient arrivés ou que Untel soit nommé contremaître, ils ont envie, et besoin, de le savoir. Tout autant que de savoir que le nouveau catalogue est envoyé systématiquement à tous les clients dont le chiffre d'affaires est supérieur à X Francs.

> *Votre équipe devrait être aussi bien informée que si elle travaillait au siège.*

Méfiez-vous des transmissions verbales ; si votre vendeur vient vous voir, c'est pour vous apporter un message – vous demander une aide sur tel ou tel plan, ou comment agir face à tel problème. Est-il disponible, mentalement, pour vous écouter ? Si le contact a lieu par téléphone, c'est pire encore. Vous avez appelé, autrefois, depuis une cabine, debout évidemment, le calepin posé sur le minuscule triangle de métal, avec derrière vous le quidam qui s'impatiente et vous demande si vous en avez encore pour longtemps ? Aujourd'hui le portable, en marchant dans la rue ; voire en conduisant, ce qui est pourtant interdit (sauf avec le dispositif « mains libres ») mais si fréquent, n'est guère plus favorable à une attention soutenue. L'information la plus claire, la plus importante, reçue dans ces circonstances-là, a bien des chances d'être déformée, tronquée, voire complètement oubliée.

« Et pourtant, je le leur ai dit ! », entendrons-nous ensuite déclarer par le responsable du siège qui s'étonne que les vendeurs appliquent mal, ou pas du tout, la dernière directive.

Utiliser les outils d'aujourd'hui, comme le disait la publicité, permet de joindre immédiatement votre équipe. Une boîte à lettres sur Minitel ou internet, par exemple, ou les systèmes du type alphapage, peuvent dans certains métiers être indispensables. Et ces moyens de transmission sont abordables ; ils vous apportent de plus une image de modernité. Le téléphone portable aussi, mais, nous le disions, à moins d'y adjoindre un fax, la difficulté à se concentrer et à prendre des notes sera cause de bien des oublis. Il est enfin possible de faxer, tout simplement, à l'hôtel où dort votre vendeur ; pour laisser une trace, l'écrit est le mieux.

De l'écrit, donc. La bonne vieille note de service ? Ce n'est pas très exaltant. Créez donc le journal de l'équipe ; avec une forme humoristique, et détendue, l'effet sera encore meilleur !

Le nombre d'exemplaires est comme le nombre de destinataires : très restreint ; un par vendeur, un pour vous, et un pour votre secrétaire. La photocopie permet de réaliser dix ou quinze exemplaires avec rapidité, ce qui est primordial : l'information, comme le poisson, cela se consomme frais ! La parution est fonction de vos besoins, avec une semaine où vous sortirez deux éditions spéciales, et un mois sans numéro... parce qu'il n'y a rien à dire. Numérotez chaque nouvelle parution, que chacun puisse être certain de bien avoir tous les exemplaires. Votre journal contiendra des informations plutôt confidentielles, et il vaudrait mieux éviter de laisser par inadvertance le dernier paru dans le salon d'attente chez un client où votre concurrent serait bien aise de trouver pareille aubaine. Offrez donc à chacun un classeur adapté, marqué à son nom, pour archiver ses numéros – vous limiterez ainsi les risques de fuite.

Bien évidemment ce média vous servira, aussi, à diffuser les nouvelles en provenance du terrain, c'est-à-dire de votre équipe. En remerciant celui, ou ceux, qui ont transmis cet élément utile à tous, ce qui encouragera chacun à faire de même.

> *Créez le journal de votre équipe.*

Et faites participer votre secrétaire à la rédaction – pas seulement au tirage des photocopies.

Des vendeurs vers l'entreprise

En dépit du succès des nombreux ouvrages sur le management baladeur qui nous rappellent que c'est sur le terrain que tout se joue, rares sont les équipes où le recueil de cette information si précieuse est systématique et pris à sa juste valeur.

Un cas extrême : vous savez que beaucoup de produits sont suspendus, dans les grandes surfaces, à une tige de métal cylindrique ; lorsque vous choisissez un produit, vous le tirez vers vous en le sortant ainsi du « peg-board », c'est le nom donné par les professionnels à ce meuble d'exposition, avant de le mettre dans votre chariot. Vous êtes chargé d'un audit d'une force de vente et vous tournez avec le vendeur de base, un jeune gars au sourire sincère, à l'heure exacte, la voiture propre et ordonnée, bien tout ça ! Après avoir travaillé avec le chef de rayon dans le bureau, descendons dans le magasin. Et là, vous découvrez vos produits en tas, non pas pendus à portée de main, mais sur le dernier rayonnage du bas ; pour les voir, il faut passer à quatre pattes devant. La place est peut-être bonne pour vendre des nounours en peluche, les clients sont à cette altitude, mais nous vendons des produits bien différents. Le vendeur prend donc les produits, un à un (vous l'aidez), pour les remettre sur le peg-board... Mais le trou foré dans votre produit est plus petit que la tige ! Pas de beaucoup... En forçant un peu, le vendeur arrive à remettre les produits en place – il est jeune et costaud, lui. Mais pour ressortir ce même produit, Madame Michu qui pousse son chariot, accompagnée de ses deux enfants qui rouspètent parce qu'ils n'ont pas assez exploré le rayon jouets, au milieu de la foule du samedi de fin de mois, devrait avoir des biceps de lutteur !

Le vendeur vous explique que c'est comme ça depuis deux mois, qu'il l'a signalé plusieurs fois, et que rien ne bouge. Vous devinez l'impact déplaisant sur le chiffre d'affaires, et sur le moral du vendeur ! A chaque magasin visité, le même scénario se reproduit.

(Revenu au siège, vous signalez le fait au directeur commercial ; le service technique a vérifié, les trous sont, paraît-il, à la bonne dimension. Il ne reste plus... qu'à aller changer les tiges chez les clients, peut-être ? Votre interlocuteur explose : « Que voulez-vous que j'y fasse ? Que je prenne une perceuse pour agrandir les trous moi-même ? ». L'auteur répondit que c'était une solution raisonnable).

> *L'information venant du terrain est vitale pour l'entreprise.*
> *Votre équipe, ce sont vos yeux et vos oreilles.*

Nous avons tous vécu des situations de ce type, où une information déterminante, mais sur un détail, est perçue comme sans importance. Pourquoi diable les équipes de vente sont-elles aussi peu prises au sérieux sur ce genre de renseignement ? Ce qui conduit certaines entreprises a être quasi aveugles : à force de transmettre des éléments qui sont inutilisés et dont personne n'accuse même réception, l'équipe finit par ne plus rien transmettre. Les yeux de l'entreprise sont ouverts mais le nerf optique est coupé.

Pourtant certaines informations venant de l'équipe sont, elles, immédiatement exécutoires : lorsque après avoir été frappé chez le client, le bulletin de commande est transmis depuis la cabine téléphonique, et même par satellite, dans votre système informatique qui va immédiatement en tirer bon de livraison, facture, en réglant l'ordonnancement de la fabrication, etc., personne ne met en doute cette information-là. Peut-être parce qu'il s'agit alors de chiffres, d'éléments factuels.

Or beaucoup d'informations remontent des équipes de ventes sous forme d'opinions. Prenons l'habituel « On livre mal », parfois assorti de commentaires sur la négligence du service logistique ou l'indifférence de la fabrication ; il peut signifier une heure ou une semaine de retard, ou un emballage détérioré, ou que le camion a mis la roue arrière droite sur le rosier préféré de madame Cliente. Il est vrai que les remarques des clients sont souvent exprimées de cette façon, en généralisant : « Vous n'êtes pas placé », « Votre catalogue n'est pas pratique », « Chez vous, c'est toujours pareil », et autres « Chez untel, c'est mieux » sont, nous l'avons évoqué, le lot quotidien. Pour aider votre équipe à supporter ces agressions et à vous remonter des faits, créez un document simple :

Fiche d'information   Numéro :
Émise par :   Date :
Faits observés :
Mon avis :

Le but de ce document est d'habituer votre équipe à vous remonter des informations factuelles. Vous pouvez préciser en faisant imprimer en rappel les éternelles questions qui correspondent à la notion de faits :

Qui ? Quand ? Quoi ? Où ? Comment ? Combien ? Pourquoi ? Vous obtiendrez ainsi des éléments concrets, mesurables et mesurés, avec lesquels il est possible d'agir. De plus, entraînée au Qui ? Quand ? Quoi ? Où ? etc. votre équipe sera bien plus à l'aise face au « Vous n'êtes pas placé » habituel.

> *Faites distinguer les faits des opinions.*

Les sujets sont, comme depuis l'entreprise vers les vendeurs, nombreux – trop nombreux. L'existence de la fiche vous évitera déjà les sempiternels discours macro-économiques où, nous Français, nous nous complaisons tant : la conjoncture, qui est toujours mauvaise, la demande, toujours faible, et autres fariboles. Mais surveiller la concurrence est l'œuvre de votre équipe et c'est un vaste programme. Trop ?

Surveillez la concurrence

Une des solutions consiste à déléguer à chaque vendeur la responsabilité d'un de vos concurrents. Il devient le spécialiste de cette entreprise, vous lui déléguez cette surveillance comme vous avez délégué au précédent chapitre la lecture des revues et articles professionnels. Bien sûr, tout équipier glanant le moindre élément concernant leur nouveau catalogue, leur recrutement d'un vendeur, un article dans la presse, etc. le transmet à votre spécialiste ; si celui-ci souhaite voir votre responsable financier pour analyser bilan et compte de résultat obtenus sur Minitel, vous lui ouvrez les portes ; vous rapprochez quelque peu nos ennemis héréditaires, les comptables, de votre équipe. Vous l'aidez autant qu'il le souhaite. Avec le temps, votre spécialiste arrivera à des résultats étonnants.

De plus votre équipe sera aussi plus sensible au danger des bavardages ; vous êtes sûrement stupéfait de l'inconscience de certains, qui détaillent toute la politique de leur entreprise au restaurant où se retrouvent à midi tous les professionnels, sans même savoir qui déjeune à la table voisine ! Ce genre d'erreur n'est d'ailleurs pas l'apanage des seuls vendeurs de base ; il suffit de prendre l'avion, le TGV, ou de fréquenter tel restaurant près de sièges sociaux, pour en être convaincu.

> *Organisez – et déléguez – étude et surveillance permanente de votre concurrence.*

Testez, testez toujours !

Un autre type d'information à développer, c'est le test réel de nouveaux produits. Vous avez sûrement vécu, en réunion de toute l'équipe de vente, la présentation du prototype qui va être bientôt commercialisé. D'abord de longues explications techniques, puis après que chacun l'ait examiné et soupesé, vient la question classique : « Alors, vous en vendrez combien ? »

Suivent évidemment les annonces de chiffres variés, calculés très sérieusement... au pifomètre, parfois notés avec soin pour la fabrication. La réalité, quelques mois plus tard, présente souvent bien des écarts !

En effet dès que l'on est dans l'entreprise, notre vision du produit devient différente de celle des clients ; nous manions avec facilité les concepts techniques que notre marché ignore, et nous sommes persuadés que les autres, les clients, savent. Les fabricants, comme les revendeurs, de magnétoscopes ont été bien surpris de découvrir qu'une grande partie de leurs clients terminaux étaient incapables de programmer un enregistrement. Comment corriger cette myopie ?

Chaque vendeur a dans sa clientèle quelques personnalités qui seront très heureuses de participer à de vrais tests produits. Qui ?

Demandez à vos vendeurs de les lister, et utilisez ce panel pour toute création. Là aussi vous créez avec ces clients des liens, qui peuvent s'appeler partenariat ; et votre équipe sera en mesure de rapporter de vrais chiffres, et non plus des approximations au doigt mouillé.

> *Mettez en place votre réseau de test grandeur nature.*
> *Vos clients seront heureux d'y participer, et votre équipe aussi.*

La réunion de l'équipe de vente

La réunion est un temps fort de la vie de toute équipe. Est-ce le plaisir d'être ensemble ? Dans un cadre différent ? De communier, car c'est une véritable communion, à la même table ? Nous sommes tous sensibles à cet aspect très matériel. Même les équipes sportives, qui pourtant sont plus facilement soudées que les équipes de vente (ils jouent ensemble, vos vendeurs sont seuls) sacrifient à ces traditions. Souvenez-vous des banquets de fin de saison de rugby ou de football : les chants, hymnes basco-béarnais ou traditionnelles chansons paillardes, mais toujours à pleine voix ; les rires ; les beuveries aussi ; c'est un peu là que se forge l'âme d'une équipe !

Et pourtant, il existe des équipes de vente qui ne sont jamais réunies. Pour des raisons diverses.

Se réunir ?

Le coût, d'abord. De l'hébergement et du transport bien sûr, mais aussi du temps perdu : pendant ce temps-là, ils ne vendent pas. Pourtant il existe, quel que soit votre métier, des moments où vos clients sont impossibles à voir, où votre équipe est l'arme au pied. Si vous vendez à des magasins, à partir du 10 décembre vos clients sont pris par leurs clients ; si vous vendez à des entreprises, vers le 20 juillet il devient difficile d'obtenir une commande ; la période des vacances de février voit vos clients partir en rangs serrés vers la montagne, presque autant que le célèbre mois d'août français les voit partir... partout. Un vendeur d'expérience, en rendez-vous l'après-midi du vendredi à Vélizy, sortant vers 16 h dans le parking déserté par tout le siège, avait peut-être raison en disant qu'à cette allure il n'y aurait bientôt plus qu'un jour ou deux par semaine pour vendre.

Quant aux coûts d'hébergement, si dans les grandes agglomérations, et notamment en région parisienne, les tarifs hôteliers sont élevés, il existe dans nos provinces combien d'endroits charmants à des prix abordables ! Le coût est-il la vraie raison – comme dans toute vente, d'ailleurs ? Dans une coopérative agricole, l'animateur des ventes avait réglé cet aspect d'une manière efficace : chaque mercredi pour la moitié du secteur de l'entreprise, chaque jeudi pour la deuxième partie, déjeuner en commun dans un sympathique restaurant routier, sur la nationale 12 ; chacun paye son écot, et vient qui veut. Les responsables des différents services du siège sont présents, tour à tour . Ces repas hebdomadaires sont pour quelque chose dans l'ambiance efficace de cette entreprise, où l'habituelle cassure entre siège et terrain est moins ressentie qu'ailleurs. Et le coût est quasi nul.

> *Réunir votre équipe coûte peut-être cher...*
> *mais moins que de ne jamais la réunir.*

Mais il peut s'agir d'autres facteurs financiers. Une PME dont la force de vente est composée d'une dizaine de VRP multicartes avait recruté son équipe au fil des années ; les plus anciens vers 1975, les plus récents il y a cinq ans. Comme les temps étaient différents, les rémunérations l'étaient aussi et les taux de commission variaient de 6 % à 12 %, alors que les remboursements de frais montraient des écarts tout aussi spectaculaires, etc. La crainte de l'entreprise était évidemment qu'une réunion de l'équipe permette une information réciproque et donc une suite d'exigences et de récriminations peu constructives et franchement désagréables.

Vous connaissez les vendeurs. Vous devinez que depuis longtemps ils se réunissaient, lors du salon de la profession à Paris, toujours le deuxième soir, toujours au même restaurant célèbre pour sa choucroute. Ce dîner, dont l'entreprise ignorait tout, était une véritable tradition. Bien entendu, pour les rémunérations, ils savaient déjà. Les vendeurs, soyez-en sûr, savent toujours ce genre de choses. Vous imaginez la suite. Courageuse, cette jeune femme chef d'entreprise ouvrit la réunion en dévoilant un tableau de papier où avaient été transcrits, face à chaque nom de vendeur, les taux de commissions et autres primes et remboursements. Commentaire bref du pourquoi, recentré dans l'époque, de chaque chiffre. Puis elle conclut : « Bien sûr, vous souhaitez tous que nous ajustions ces chiffres sur les plus élevés... Mais je ne vois pas comment l'entreprise pourrait y survivre ! ». Dans le silence qui suivit, un des plus anciens, vendeur de grande classe, se leva : « Madame X., tout cela nous le savons tous, depuis longtemps. Et je tiens, au nom de toute l'équipe, à vous remercier de votre franchise. »

Applaudissements... et la réunion, vous le pensez bien, fut excellente.

Aborder carrément ces aspects règle bien des problèmes.

Mais parfois, il ne s'agit pas d'aspects financiers. Par principe, l'équipe n'est jamais réunie, sans raison apparente.

S'agirait-il de l'application du dicton énoncé par Machiavel et qui était la devise du Sénat romain : diviser pour régner ? Mais Machiavel parlait-il de diviser son équipe ? Ou bien plutôt ses ennemis, ce en quoi il avait raison. Alors ?

Ou encore le fait qu'autrefois « on ne faisait jamais de réunions, et on vendait bien quand même » ? La routine explique bien des choses.

Et si la raison éventuelle se cachait dans vos réticences personnelles ? Une vieille timidité, une crainte de « louper le coup » et, avec d'excellentes raisons – alibis, il est « impossible » de réunir l'équipe. Non ! Soyez tel que vous êtes et osez ; votre courage fera le succès ! Si besoin, faites-vous aider par un professionnel, ou suivez une formation à l'art d'animer une réunion. Cela s'apprend, comme la vente.

Ou plus simplement que bien des entreprises ne perçoivent pas ce que peut apporter une telle rencontre. La réunion est pourtant l'une des méthodes qui vous permet d'informer votre équipe ; mais aussi de la former et de la stimuler, et même de l'aider. Pour cela il faut prendre en compte que l'objectif de toute réunion est d'améliorer le moral ; N'oublions jamais le vieux dicton :

> *Les félicitations toujours en public.*
> *Les « engueulades », toujours en privé.*

Le climat de la réunion est déterminant pour son succès.

Le climat de la réunion

Votre réunion doit être tonique – donc positive. Attention à ces classiques tours de table où, l'un après l'autre, les vendeurs s'entendent reprocher de n'avoir pas..., d'être en-dessous de..., de ne pas savoir que..., et autre négativisme. La seule conclusion à en tirer est que je suis un nul, les copains sont des nuls, l'entreprise est nulle, le marché est nul, tout est nul. Qu'est ce que je fais dans cette galère... Pas très exaltant. Et pourtant, ce type de réunion existe. Si vos concurrents agissent ainsi, tant mieux pour vous.

Mais ce n'est pas une raison pour les imiter. Au contraire.

Si vous devez commencer par l'exposition des chiffres de la dernière période, contentez-vous de les inscrire au tableau ou de projeter le transparent, sans commentaire aucun ; laissez-les en tirer les conclusions, ils le feront mieux que vous. Et centrez votre réunion sur le futur – ce que nous allons faire, et comment, pour gagner !

Le programme de votre réunion, vous le voyez, est déterminant pour son impact.

Vous voulez que ce soit votre réunion, ce qui est normal – après tout il s'agit de votre équipe – et c'est aussi un excellent moyen de prendre vraiment le pouvoir, surtout si vous venez d'être nommé à ce poste ; pour cela vous devez vous-même ouvrir la rencontre, et conclure. Peu importe qui prendra entre-temps la parole ; si vous assurez ces deux moments, la réunion sera perçue comme vôtre. Nous avions déjà évoqué ce point.

Fixez un emploi du temps aussi précis que possible ; au début il est difficile de le respecter à la lettre, donc prévoyez une marge. Et fixez une heure de fin de réunion que vous annoncez sur l'invitation – ou la convocation si vous préférez –, ce qui oblige à terminer à l'heure promise. Respectez toujours cette heure de fin de parcours, elle va permettre le retour prévu par voiture ou TGV, à l'heure convenue avec l'épouse : vous savez, le deuxième chef des ventes, elle, dont l'avis et l'appui sont si importants. Petit à petit, ce respect de l'horaire final provoquera un meilleur respect de l'ordre du jour.

Et déléguez, comme nous l'avons dit, le soin de « plancher » sur le maximum de sujets à vos équipiers, ou au représentant de tel service, ou au conseil extérieur que vous utilisez pour l'occasion. Bien entendu vérifiez avant que cette prestation sera bien dans le ton de ce que vous recherchez.

Imaginez par exemple que vous deviez animer pendant une semaine le premier séminaire de jeunes embauchés. Le président de l'entreprise vient dire quelques mots à l'ouverture. Son intervention est vite résumée : « Cette semaine est très importante pour votre futur... Vous êtes tous ici en période d'essai... Si d'aventure l'un d'entre vous ne donne pas entière satisfaction, j'en tirerai immédiatement la conséquence ».

Vous imaginez la suite ; impossible, pendant les trois premiers jours, d'obtenir une vraie participation, chacun des jeunes s'imaginant qu'à la moindre parole il risquait d'être mis à la porte.

Il est simple, pour limiter ce risque de gaffe, de remettre discrètement au président, à son arrivée, un petit carré de papier portant les deux ou trois points que vous souhaitez voir évoquer ; les présidents savent très bien utiliser ce genre de canevas, et sont en général très heureux de s'y conformer ; s'ils viennent là, c'est pour vous aider, après tout ! Modérez, pour vous-même et les autres, l'inflation galopante du vocabulaire, si à la mode dans certains milieux ; les « Je veux des tueurs » et autres « Il faut que vous sortiez vos tripes » sont inopérants, car excessifs.

Abordez en réunion la mise au point de tout ce qui aide votre équipe à mieux vendre ; l'adhésion est supérieure et plus rapide, et de plus leurs suggestions améliorent bien des projets. Vous pouvez ainsi élaborer avec eux les avis de passage, que l'on envoie dans certains métiers avant la visite chez le client ; ou la forme de la fiche client ; ou les détails du plan de promotion, voire de publicité ; nettoyer le catalogue en supprimant les produits obsolètes ; améliorer l'emballage du nouveau modèle ; etc.

Vous le voyez, les sujets sont multiples. Même si vous avez la chance, grâce à un rayon d'action réduit, d'avoir vos vendeurs au siège chaque semaine, le lundi matin ou le vendredi après-midi, il est possible de rendre vos réunions variées et attrayantes. En prévoyant et en préparant l'ordre du jour qui évitera les : « Alors, quoi de neuf cette semaine ? », dont la suite est la litanie des difficultés expliquant nos échecs.

Mais le meilleur des ordres du jour peut être gâché par un aspect parfois sous-estimé : les détails matériels.

> *Comme pour toute action, c'est dans la phase de la préparation que se joue le succès de votre réunion.*

Les détails indispensables

Le lieu tout d'abord. La salle de conférence du siège ? Si vos vendeurs y ont aussi leur bureau, et y passent chaque jour, c'est possible. Mais s'ils sont répartis sur l'hexagone, ou l'Europe, et sont dans ces murs deux fois par an, leurs préoccupations seront bien ailleurs qu'à la réunion ; l'un pense au service des expéditions où il doit aller régler tel problème, l'autre à la comptabilité où il a tel document à remettre, le suivant veut voir la fabrication pour... À chaque pause votre groupe s'envole dans tous les secteurs, vous reprenez avec retard car celui-ci a été retenu par... et celui-là parce que... Le passage dans ces services est peut-être indispensable ; alors prévoyez un moment, la dernière après-midi par exemple, où ils pourront disposer du temps nécessaire. Mais organisez votre réunion ailleurs !

L'endroit normal est l'auberge de campagne, où vos vendeurs venus de loin coucheront. Toujours visiter les chambres, et la salle où vous travaillerez, est une sage précaution. De même que fixer les menus ; il est difficile de se concentrer au début d'après-midi, surtout si l'on doit digérer la remarquable choucroute du chef, si appréciée qu'une sieste serait nécessaire.

La salle est importante. Au calme ; imaginez la perturbation que provoque le décollage des Airbus si vous êtes dans cet hôtel, par ailleurs très agréable, situé dans l'axe des pistes de l'aéroport de Marignane ! Spacieuse ; pour cela soit vous connaissez les chiffres théoriques – tant de mètres carrés pour tant de personnes – ou vous faites comme moi : installez votre table, en U ou en V pour que l'animateur, l'écran, le tableau de papier soient facilement vus par tous ; placez les chaises ; si le nombre nécessaire de chaises tient, les participants assis dessus tiendront aussi ! Personnalisée ; fixez aux murs – pensez pour cela aux punaises ou à l'adhésif double face – les affichettes sur le dernier produit, le logo de l'entreprise, une feuille prise sur le tableau de papier où vous avez inscrit un message de bienvenue. En rentrant dans la pièce votre réunion est déjà meilleure : les vendeurs ressentent qu'elle a été préparée, que vous voulez qu'elle soit efficace.

Le plan de table est obligatoire. Avec des chevalets, simples bristols pliés en deux, portant prénoms et noms sur les deux faces pour que chacun puisse identifier facilement tous les autres, qui fixent la place de chacun. Pourquoi ? Après tout, pensez-vous, ils se connaissent tous. Mais si vous n'avez pas de plan de table, que se passe-t-il ? Vos gaillards s'installent toujours à la même position, par routine ; et des clans se forment : les anciens ici, les nouveaux là ; le Toulousain à côté du Catalan, le Stéphanois avec le Lyonnais ; ils en oublient les querelles de clocher. Vous voulez souder votre équipe, alors mélangez tout cela ! Le petit nouveau avec le plus ancien, le meilleur vendeur avec celui qui doit progresser. Le plan de table doit être réfléchi. Et si l'on demande pourquoi les chevalets, vous répondez tranquillement la vérité, que vous voulez que le Niçois et le Normand travaillent ensemble pendant ces trois jours pour mieux se connaître. Bien sûr, vous notez et conservez soigneusement ce plan de table pourqu'il soit différent à la prochaine rencontre – guerre à la routine !

Pensez aussi à toutes ces petites attentions qui font plaisir, sont à l'origine du bon souvenir que l'on garde de votre réunion, et permettent au retour à la maison les commentaires du type « Tu sais, dans cette boîte on travaille comme des fous, mais l'ambiance est vraiment sympa ». Vos participants arrivent le dimanche soir à l'hôtel, vous êtes là pour les accueillir ; mais l'un d'entre eux sera là à une heure tardive et non déterminée, vous laissez sur sa table de nuit un mot d'accueil. Vous vérifiez qu'anniversaire, ou fête, tombe à cette date : au dîner, vous prévoyez un gâteau. Vous visitez un endroit particulier, faites placer sur les tables de nuit une carte postale, timbrée. Pourquoi pas un souvenir de la région, une spécialité culinaire que l'on dégustera avec l'épouse en lui parlant avec chaleur de la réunion ?

Tout cela n'est pas une question d'argent. C'est bien plus profond et plus important : c'est une question de cœur. Vous montrez à votre équipe que vous l'aimez – et nous avons vu combien les vendeurs ont besoin de se sentir aimés.

Mais si ces détails vous ennuient, surtout ne faites rien et sautez ces pages ; l'efficacité est remarquable... Si vos vendeurs sentent que vous avez vous-même pris plaisir à prévoir et mettre au point chacune de ces attentions. Au contraire l'effet sera désastreux s'ils en retirent un sentiment de manœuvre pour les conduire là où ils ne veulent pas ! Et les vendeurs, instinctifs comme ils le sont, sentent très bien ce genre de procédé, si ce n'est qu'un procédé.

> *Soyez sincère – Votre équipe le ressent.*

Qui doit venir ?

Qui inviter ? Toute personne au contact avec le client doit faire partie de l'équipe de vente, au moins par l'esprit : la standardiste, ce poste vital pour le chiffre d'affaires, si souvent oublié, et peu payé ; la secrétaire du service commercial ; les chauffeurs si vous avez un service de livraison ; l'après-vente ; etc.

La liste est différente dans chaque entreprise. Leur rôle est vital pour l'efficacité de votre équipe. Les chauffeurs, par exemple, sont évidemment porteurs de votre image ; ils sont souvent les premiers à subir les réclamations, la standardiste étant la seconde. Or il est rare qu'ils aient été formés à la recevoir, cette « engueulée » comme ils l'appellent ; alors, face à ce client mécontent ils font de leur mieux, parfois très bien. De plus, ce sont eux aussi de précieux agents de renseignements, qui connaissent bien souvent des faits que nous, vendeurs, ignorons. Peut-être n'est-il pas indispensable qu'ils participent à toute la réunion, mais les inviter au dîner est toujours sympathique et utile. Là aussi, un plan de table sera précieux pour éviter que les chauffeurs soient tous, en groupe, à l'extrémité.

Vous essayez de transmettre un climat positif, axé sur l'esprit commercial, dans les différents services de l'entreprise. Inviter à un des dîners les comptables, ou les contremaîtres, etc. contribuera à créer cet esprit. Vers 19 heures vous verrez arriver ces irremplaçables patrons de l'atelier, qui seront passés chez eux pour s'endimancher, et mettre une cravate ; ils seront tout étonnés de trouver vos vendeurs en plein travail sur les objections techniques que vous avez listées sur le tableau, dans une tenue décontractée. Plus tard, à table, vous entendrez « C'est pas possible que les clients osent vous dire tout ça ! Jamais je ne l'aurais cru ! Nos produits, on se donne tant de mal, et s'entendre reprocher cela c'est vraiment dur à avaler ! ». Et en invitant les volontaires à vous accompagner au salon de la profession, vous pourrez leur demander une étude technique sur la concurrence. Ils adoreront. Et vous gagnerez des trésors d'informations. À l'usine on dira moins « Ils sont encore à Paris à faire la foire ». L'ambiance générale de l'entreprise sera, un tout petit peu, meilleure. Donc plus efficace.

> *Utilisez votre réunion pour créer des liens entre les différents services de votre entreprise.*

Check-list d'une réunion bien organisée

1. Objectif et programme fixés ☐

2. Dates choisies ☐

3. Lieu et installation

    Hôtel choisi ☐
    Chambres visitées ☐
    Menus fixés ☐
    Tarif convenu ☐
    Confirmation envoyée ☐
    Autres : ☐

4. Lettre d'invitation

    Indiquer :
    Date, heure de début de réunion ☐
    Date, heure de fin de réunion ☐
    Moyens de transport et plan d'accès ☐
    Distractions possibles ☐
    Autres : .... ☐
    .... ☐

5. Aménagement de la salle

    Tables – Sièges ☐
    Tableau de papier ☐
    Rouleaux de papier en réserve ☐
    Craies – Marqueurs ☐
    Écran – Audiovisuel ☐
    Plan de table ☐
    Chevalets nominatifs ☐
    Transport du matériel ☐
    Autres : .... ☐
    .... ☐

6. Dossiers des participants

    Programme ☐
    Chemises nominatives ☐
    Papier pour notes ☐
    Documentation ☐
    Réserve : crayons, papier, etc. ☐
    Autres : .... ☐
    .... ☐

7. Visite des dirigeants

    Date, heure fixée ☐
    Intervention éventuelle ☐
    Autres : .... ☐
    .... ☐

8. Distraction et divers

    Cartes, échiquier, boules, etc ☐
    Match, ou autre, à la télévision ☐
    Cadeaux, souvenirs ☐
    Fêtes, anniversaires ☐
    Mot d'accueil ☐
    Autres : .... ☐
    .... ☐

9. Après la réunion

    Envoyer à chacun, éventuellement : ☐
    Photos du groupe ☐
    Compte rendu ☐
    Tirage des divers travaux ☐
    Questionnaire d'évaluation ☐
    Autres : .... ☐
    .... ☐

A FAIRE...	ÉVITEZ DE...
– **Informez** votre équipe de **toute** la vie de l'entreprise.	– Transmettre à vos vendeurs uniquement les sujets concernant la vente. C'est nécessaire, mais pas suffisant.
– **Utilisez** les outils d'aujourd'hui, et **créez le journal de l'équipe.**	– Se fier uniquement aux transmissions verbales. Les paroles s'envolent...
– **Soyez à l'affût** de tout fait signalé par vos vendeurs ; **Accusez réception** en remerciant, **et agissez. Vite.**	– Laisser s'empiler les rapports sans y répondre, sans agir. Vous ne recevrez plus que des papiers sans intérêt, ... ou plus de papier du tout !
– **Habituez** vos vendeurs à distinguer **faits et opinions.** Et encouragez-les à envoyer aux autres services félicitations ou remerciements, quand il y a lieu.	– Retransmettre à l'intérieur les « on livre mal » et autres « C'est toujours comme ça ». Inefficace, cela sape l'image de votre équipe au sein des autres services.
– **Responsabilisez** chaque vendeur sur l'étude et la surveillance de l'un de vos confrères.	– Croire que l'équipe connaît ses concurrents. Même si cela est vrai, chez eux aussi tout évolue vite, et les certitudes se périment.
– **Testez** vraiment vos nouveaux produits, auprès du client terminal. C'est amusant, instructif... et rentable !	– Se contenter du « pifomètre » de votre équipe ; comme beaucoup de vendeurs, ils souhaitent une amélioration de l'existant, et sont peu compétents face à la nouveauté réelle. Ce n'est pas leur métier.
– **Réunissez votre équipe** ! Et fixez comme objectif à toute rencontre **d'améliorer le moral** ! Pour cela, sachez soigner les détails.	– « Économiser » en supprimant les réunions – est-ce une équipe s'ils ne se voient que rarement ? – ou en rognant sur l'accessoire, qui est essentiel.
– **Utilisez** réunions et salons pour inviter les volontaires des services techniques ou administratifs à découvrir le monde de la vente, les clients. **Ouvrir l'entreprise vers son marché,** c'est un de vos rôles !	– Attendre des services internes qu'ils viennent à vous : c'est peu dans leur nature. C'est à nous, les vendeurs, de les attirer vers la fonction commerciale. Et d'en faire des alliés.

92

Chapitre 5

STIMULER

> *Objectif : Accroître les ventes, par un climat d'émulation et non de compétition.*

Stimuler ?

Certains pensent que la stimulation est inutile. Mais vous avez vécu la vie des vendeurs, dont nous avons parlé au début : les rebuffades du client, les « Vous êtes cher », les kilomètres qui fatiguent, les embouteillages qui retardent, les promotions qui ne marchent pas... tout cela use. Certes, les jours où nous sommes en forme, où tout sourit, nous surmontons cela ; mais le jour où s'accumulent un peu de fatigue, un reproche mal vécu, deux ou trois échecs... là, nous le savons, nous allons nous réfugier chez le client-copain ; ou bien nous n'aurons pas le temps de prospecter ; ou simplement nous nous battrons moins fort pour défendre le tarif : c'est plus reposant de vendre au prix plancher.

Quelques-uns trouvent en eux-mêmes les ressources pour s'autostimuler, c'est vrai. Mais les autres ? L'enthousiasme s'émousse, la routine prend le dessus, et l'équipe, persuadée de bien faire, ronronne ! Dans bien d'autres fonctions, où l'on n'est pas seul, la simple présence des collègues et du responsable oblige aux efforts quotidiens. Vos vendeurs, eux, ont besoin de votre poussée pour continuer à se battre avec courage.

Sans cet élan, ils risquent de se limiter à distribuer, de répondre aux demandes ; et de moins, ou peu, faire l'effort de vendre, de proposer...

et donc de s'exposer aux échecs, aux rebuffades. Quant à la prospection, elle sera bien mince si vous ne la stimulez pas.

> *Un vendeur n'est pas un homme qui vend –*
> *c'est un homme que vous faites vendre.*

Eh bien, payons-les, cher s'il le faut, et tout sera dit ! Mais suffit-il d'une carotte financière pour avoir envie de se dépasser, de repartir, d'y aller quand même ? L'argent, beaucoup d'argent, est-il le seul moyen de stimulation ? C'en est un, en tout cas.

Comment les payer ? Les types de rémunération dépendent des statuts.

Les statuts

C'est une entreprise d'une vingtaine de personnes, qui distribue des produits de nettoyage, où les vendeurs ont un statut de VRP, exclusifs. A la question pourquoi, le créateur et dynamique dirigeant de l'entreprise vous répond : « C'est vrai, je n'ai jamais pris le temps d'y réfléchir. La seule raison, c'est qu'on a toujours fait comme cela, tout simplement ».

Dans bien des cas, le statut et le mode de rémunération sont un héritage du passé. Il est possible que ce soit encore aujourd'hui la solution la mieux adaptée. Mais peut-être aussi est-ce le moment, à l'occasion d'un recrutement par exemple, de le remettre en cause.

Il existe pour vos vendeurs, vous le savez, trois types de statut.

– L'agent commercial

C'est un statut d'indépendant, voisin dans l'esprit de la profession libérale ; payé en général par une commission sur le chiffre d'affaires, le vendeur prend lui-même en charge ses cotisations sociales, ses déplacements. Ce statut, qui limite la charge administrative de l'entreprise et permet de payer le vendeur seulement lorsqu'il y a commande, est apparemment très adapté au moment du démarrage de l'entreprise. Mais la difficulté sera de trouver l'agent commercial ; dans bien des professions, ce statut est totalement absent. Est-ce à dire qu'il est périmé ? Il est vrai que l'indemnité préjudice, bien évidemment obligatoire en cas de rupture, est une contrepartie contraignante ; mais dans des types de ventes longues, comme la sous-traitance, ce statut fonctionne bien. Il permet aux P.M.E. qui exposent au Midest de s'offrir les services de vendeurs de haut niveau technique, ingénieurs par exemple, qui seraient sans ce système trop onéreux pour des entreprises de cette taille. La vente à l'export, dans de nombreux pays, passe aussi par des réseaux de ce type ; vous savez qu'aux Etats-Unis nombre de marchés sont couverts par des réseaux d'indépendants dont l'esprit est proche de celui de l'agent commercial, ou du VRP.

– Le VRP

Ce statut implique, contrairement au précédent, un lien de subordination entre l'entreprise et le vendeur. Par tradition là aussi la rémunération est une commission sur le chiffre d'affaires, mais les charges sociales sont réglées par l'entreprise et souvent les déplacements remboursés, avec des formules et des taux très variables ; il existe un minimum légal assuré. Les VRP multicartes représentent plusieurs entreprises, contrairement aux exclusifs.

Ces VRP multicartes correspondent très bien eux aussi à la période de création de l'entreprise, et à des tailles de PME ; pourtant ce type de statut se raréfie. Il est souvent dit des multicartes qu'ils sont impossibles à diriger ; or les entreprises où l'on vous affirme cela consacrent bien peu de temps à l'équipe de vente, allant même jusqu'à oublier de la réunir. Comment s'étonner alors que l'attachement à l'entreprise, à la politique, à l'équipe soit faible ! Si de plus existe un sentiment de jalousie des dirigeants pour des gains parfois supérieurs aux leurs, et des oublis (bien volontaires) de les commissionner sur quelque commande directe, nul doute que l'ambiance ne devienne tendue. Ces cas existent.

Mais la principale cause de la diminution du nombre des multicartes est certainement la difficulté, voire l'impossibilité, à en trouver ; ce qui est dommage, et peut-être changera dans le futur. Après tout, les États-Unis, dont on dit qu'ils préfigurent notre monde commercial, sont dans bien des métiers couverts par des équipes au statut comparable, nous l'avons dit. Les bataillons de jeunes BTS Force de vente, ou Action Commerciale, assureront peut-être la relève de ces vieux crocodiles qui ont tant accompli pour nos entreprises, et notre économie !

Les VRP exclusifs sont plus fréquents. Les principales différences avec les attachés commerciaux sont le rattachement à la caisse des cadres et l'indemnité clientèle due en cas de rupture ; voir la convention collective VRP fort précise à ce sujet.

– L'attaché commercial

C'est un salarié comme les autres. Sous des titres variés – de responsable de secteur à chargé de clientèle en passant par promoteur des ventes, etc. – se trouve la même réalité : un vendeur. Là se trouvent aujourd'hui les bataillons de nombreuses équipes de vente. Les systèmes de rémunération sont variés mais avec une dominante : le salaire fixe. Tout se passe comme si, après avoir vécu un extrême : le vendeur totalement indépendant payé uniquement à la commission sur le chiffre d'affaires ; les entreprises étaient venues sans transition à l'extrême opposé : le « fonctionnaire » de la vente, dont les revenus sont assurés quels que soient les résultats.

Les aspects juridiques de ces statuts nécessitent des ouvrages entiers, dont ils constituent l'objet. Cependant, s'ils sont très importants sur le plan administratif, des caisses de retraite et autres organismes, ils sont moins importants pour le sujet qui vous concerne : la direction de votre équipe.

> *Vous dirigez des êtres humains – et non des statuts.*

Il est vrai que agents commerciaux, ou VRP multicartes, sont plus autonomes et donc moins faciles à diriger. Et vous connaissez de multiples cas d'entreprises qui, devant cette difficulté, sont brutalement passées au statut d'attaché, avec de bons résultats. Si vous ne pouvez, pour des raisons de coût par exemple, procéder à pareil changement, ne désespérez pas : appliquez les principes que nous avons déjà vus, et vous constaterez qu'une équipe de VRP se dirige, de la même façon qu'une autre. Plastic Auvergne, premier fabricant européen de chaussures plastiques, était représenté par une équipe dont la qualité et l'esprit étaient du niveau des meilleurs, pourtant composée en même temps d'attachés commerciaux et de VRP. Tous faisaient partie de l'équipe avec le même esprit, le même dynamisme, et des résultats très satisfaisants. Mais cette équipe est depuis des années sous la responsabilité du chef d'entreprise, Marc Paslier, qui consacre à sa mission de chef des ventes une partie importante de son temps. Et il dirige son équipe certes avec compétence, mais surtout avec des qualités de cœur – chacun se sent aimé et respecté.

Pour cela, la durée est à prendre en compte ; avant que votre groupe d'indépendants ne devienne une véritable équipe, votre équipe, vous avez besoin d'une paire d'années ; au moins. Certains refuseront de s'intégrer, que vous devrez remplacer.

La situation la plus délicate est celle où vous êtes avec des multicartes non la première ou la deuxième carte, qui assurent l'essentiel des revenus, mais la sixième ou davantage encore ! Les anciens appelaient votre position « la carte qui paye les cigarettes ». Vous pouvez le savoir par les points de retraite obtenus dans l'année, en comparant avec ceux qui proviennent de la rémunération que vous versez ; et là vous avez à choisir entre plusieurs hypothèses.

Ou bien vous tablez sur une forte et rapide croissance de votre chiffre, grâce aux vertus de votre produit, et vous remonterez à un rang plus honorable dans le portefeuille de vos vendeurs ; ou alors... remettez en cause votre structure. En regroupant deux ou trois secteurs, peut-être serait-il possible de rémunérer convenablement un vendeur ? Puis de passer à la région suivante, l'an prochain. Tout mettre en place demain matin est notre rêve à tous, et les moyens sont rarement là ; en agissant dans la durée, bien des projets deviennent possibles. À condition de commencer, et de persévérer.

Vous voilà au chapitre « recruter ». Mais au fait, comment, et combien, les payer ?

La rémunération

La classique formule du pourcentage sur le chiffre d'affaires a convenu, dans un monde qui changeait peu et lentement, aux besoins d'une période passée. Aujourd'hui les inconvénients sont légion : ce n'est guère incitatif à la défense de votre tarif et de votre politique, mais plutôt à être... l'avocat du client auprès de votre entreprise, comme nous l'avons vu ; le vendeur est poussé à privilégier les gros clients, or avant de devenir gros un client commence souvent par être petit, et la prospection est négligée ; l'explosion de certains marchés, indépendante du travail du vendeur, met en place de vraies rentes de situation ; etc. Enfin toutes les entreprises payant leurs vendeurs de cette façon disent avoir de plus en plus de mal à recruter, quelle que soit la hauteur du pourcentage, même à 20 % de commission ! Peut-être l'insécurité qui en est la conséquence est-elle un frein absolu ? Ou alors les personnes ayant l'autonomie indispensable, les jeunes surtout, créent de nos jours leur propre entreprise ? En tout cas, si vous tenez vraiment à un pourcentage, le fixer sur la marge brute est bien plus efficace.

La recherche de sécurité par les candidats contraint à offrir une partie fixe, la volonté d'avoir une rémunération stimulante pousse à y adjoindre une partie variable.

1/ Le fixe

Il a pour but de sécuriser vos vendeurs. Le meilleur vend mal, si vers le 15 du mois il est angoissé par la traite de la voiture ou le crédit de la maison. Votre fixe est là pour lui permettre de vivre, normalement, sans ces paniques. C'est, en quelque sorte, le SMIC du vendeur. La hauteur de ce SMIC dépend du profil nécessaire à votre type de vente ; si votre métier vous permet d'engager un jeune BTS sans expérience – il en est de très bons – un fixe de l'ordre de deux fois le vrai SMIC est convenable, pour l'instant ; si vous recherchez, pour vendre sur le Moyen-Orient et l'Amérique du Sud un ingénieur de 40 ans, parlant anglais, espagnol, arabe et ayant de bonnes notions de portugais, votre fixe prendra de l'altitude – la maison et la voiture à financer ne sont plus les mêmes. Attention donc à déterminer votre fixe en fonction de votre qui : le diplôme, l'expérience, les capacités...

Mais aussi de votre pour faire quoi ? Dans le monde agricole, les mêmes produits phytosanitaires sont vendus aux clients soit par le négoce ou la coopérative voisine, soit directement par le fabricant. Les vendeurs recrutés, par les uns ou les autres, ont le même profil. Pourtant les salaires proposés offrent un écart de 50 %. Le vendeur de coopérative, ou de négoce, travaille sur un rayon de 30 km ; il rentre à la maison pour déjeuner ; alors que celui du fabricant couvre 20 départements, et passe sa semaine dans la solitude des hôtels dont nous avons parlé. Il est normal que cette différence de qualité de vie ait un prix.

> *Votre fixe varie bien sûr en fonction de votre qui ?*
> *mais aussi en fonction de votre pour faire quoi ? et où ?*

Ce fixe satisfait ce que la théorie de Maslow place en préalable indispensable : les besoins physiologiques (manger, boire et dormir, être logé) et le besoin de sécurité (savoir que j'aurai demain ce minimum que j'ai déjà aujourd'hui, ce qui implique confiance en l'entreprise) ; vous pouvez maintenant passer à une véritable stimulation.

2/ La partie variable

Cette partie variable, elle, permet de bien vivre ; elle est de l'ordre de 20 à 30 % du fixe. Par exemple, une équipe dans une multinationale américaine reçoit chaque trimestre un mois de salaire en prime ; si, bien sûr, les objectifs sont atteints, ce qui est en général le cas. Le calcul sur un trimestre est un bon compromis, entre le mois qui est bien court, et l'année qui est sûrement trop longue ; nous savons que l'appréciation du temps pour un vendeur est différente, que trois mois lui semblent un délai déjà très lointain.

Pour de nouveaux engagés, le rythme mensuel permet de cadrer leurs progrès, pendant les six premiers mois par exemple.

Mais prime sur quoi ? Votre critère doit pouvoir être variable, pour l'harmoniser à votre politique, aux circonstances et aux changements.

Revoyez chaque trimestre, chaque année au plus, votre système. Que voulez-vous de votre équipe* ? Ou de tel vendeur ?

• Des résultats : votre prime peut porter sur un chiffre d'affaires, ou sur un volume de marge brute ; sur un nombre de visites, ou de commandes, ou de lignes de commandes ; sur la mise en place chez X % de clients du nouveau produit...

Pourquoi pas des résultats financiers ? Les vendeurs se sentent, traditionnellement, peu concernés par cet aspect de leur métier ; le bon de commande, oui, c'est mon travail ; mais le délai de paiement c'est l'affaire des comptables. Autrefois, c'était peut-être vrai. Aujourd'hui, réduire ces délais améliore votre trésorerie, et réduit les risques d'impayés, ce qui peut être plus profitable que d'accroître le chiffre d'affaires de 2 %. Votre prime, portant sur une baisse de 2 ou 5 jours du délai moyen de règlement (attention, c'est déjà beaucoup !) est utile pour améliorer les résultats de l'entreprise ; mais aussi pour sensibiliser votre équipe à cette partie de leur travail.

> *Vendre, c'est aussi savoir se faire payer.*

• De la prospection : vous pouvez récompenser un chiffre d'affaires en nouveaux clients, ou un simple nombre de commandes quelle qu'en soit la valeur ; ou le nombre de prospects visités, voire celui des nouvelles fiches clients remplies correctement, et même les rendez-vous pour une deuxième visite ; ou encore les demandes de devis, les consultations venant de ces prospects, suivant ce qui se pratique dans votre métier.

• De l'autoformation et du progrès personnel : la diffusion à toute l'équipe de la synthèse des lectures, la présentation lors de la réunion de tel sujet, comme nous en avons parlé. La difficulté sur ce type de thème est de quantifier ; l'appréciation de l'effort intellectuel passe par une part de subjectivité. Votre équipe accepte-t-elle de vous ce jugement de valeur ? Ce type de critères, à dose raisonnable et élaborés avec l'équipe, a d'heureux effets.

• De l'information : un nombre minimum de fiches faits/opinions remontées ; ou la synthèse d'une étude sur un concurrent.

• Des comportements d'équipe enfin : atteinte par tous de tel score de prospects ; ou moyenne de visites de l'équipe supérieure à X par jour ; ou marge totale des ventes de l'équipe supérieure à... Francs ; vous pouvez d'ailleurs vous-même obtenir votre propre prime de chef des ventes

---

* Attention à bien obtenir l'accord des salariés, même si une clause de votre contrat de travail précise que la partie variable de la rémunération est modifiable ! C'est maintenant une obligation légale.

sur un de ces critères, comme pour le reste de l'équipe ; votre prime étant comme pour eux X % de votre salaire fixe, la somme sera plus importante, ce qui est normal.

Les thèmes, vous le voyez, sont nombreux. Vous recrutez une nouvelle équipe, pour lancer un produit sur un marché nouveau pour vous : pendant les premiers mois, ou au moins les premières semaines, votre chiffre d'affaires sera nul ou presque ; vous fixez donc votre prime sur le nombre de visites, ou celui des fiches clients. Puis vous prenez comme critère le nombre de commandes, quelle que soit leur valeur ; ensuite la marge brute ; votre équipe redevenue « juniors » vous changerez pour synthèse de lecture ; parce que la prospection s'essouffle vous reviendrez au nombre de prospects visités ; etc.

Naturellement vous élaborez ces changements avec votre équipe, vous écoutez leurs avis et suggestions, vous les informez des raisons de votre décision.

> *Votre système de prime doit être revu, voire modifié, régulièrement en fonction de votre équipe, de votre politique, etc.*

Être très clair dans les termes, les préciser, est un impératif ; qu'est ce qu'un prospect, par exemple ? Un client qui n'a pas commandé depuis 1 an ? 2 ans ? 5 ans ? Cela dépend de votre métier.

Vous avez comme client une grande entreprise ; en fait vous travaillez avec l'un des multiples services de cette grande structure. Le service voisin est-il un vrai prospect ? Oui, disent certains...

Quels sont les éléments qui permettent de dire qu'une fiche client est correctement remplie ?

Évitez tout malentendu, surtout lorsqu'il s'agit de la paye. Préférez des critères objectifs, sur lesquels votre vendeur a une action directe, aisément quantifiable, que vous mettez au point en concertation avec votre équipe. Ils aiment, c'est normal, savoir sur quoi, et comment, par qui, ils sont mesurés.*

Mais il se peut que vous n'ayez ni l'envie, ni le pouvoir, de jouer sur ces facteurs monétaires. D'autres actions vous permettront de donner un élan à votre équipe.

Nous reviendrons dans le chapitre contrôler sur la notion d'objectifs.

---

* Pour une réflexion plus approfondie sur ce sujet si important voir : *Rémunération et stimulation des vendeurs*, E. Schuler, Les Éditions d'Organisation.

Le congrès

C'est une réunion dont le thème est « vive nous ! ».

L'objectif est que l'équipe vive ensemble – toujours rompre la solitude – un jour de fête, deux au plus. C'est l'ambiance qui est primordiale, donc la préparation doit être parfaite dans les moindres détails. Plus encore que pour une réunion ordinaire. La durée : 48 heures est un maximum ; arrivée fin de matinée au premier jour, départ milieu d'après-midi le lendemain, c'est bien suffisant. Vous voulez créer un enthousiasme ; et comme le soufflé, cet enthousiasme peut retomber si le congrès est trop long.

– Le sujet

Il est fréquent que le congrès soit utilisé pour le lancement du nouveau produit. Préparez soigneusement votre vente, car c'en est une ; et face à des clients difficiles et importants : vos vendeurs ! Souvenez-vous du dicton :

> *Le premier client du chef des ventes, c'est son équipe.*

S'ils « n'achètent » pas votre nouveauté, l'échec est certain. Aussi utilisez toutes les techniques de vente pour mettre au point votre spectacle, votre show, car c'en est un. L'audiovisuel, les démonstrations, les essais, les documents, tout doit être réussi, et spectaculaire. N'oubliez pas que votre public est composé de vendeurs, qui « font du cinéma », c'est eux qui le disent avec fierté, chez vos clients ; ils en attendent de vous. Pensez d'ailleurs à utiliser une vedette, de cinéma, de théâtre, ou de sport, dont la notoriété dépendra de votre budget ; certains, et certaines, adorent ce genre de prestation et y sont fort efficaces. Sachez faire participer vos vendeurs, les surprendre, les faire rire. Rappelez-vous le D., comme Désir, de la technique AIDA[1] : ménagez le suspense, faites – les « saliver ».

– La préparation

Ce sujet a déjà été abordé ; mais cette fois la préparation est encore plus soignée. Le nombre des participants multiplie les risques d'imprévus désagréables ; y compris les accidents de santé. À l'issue d'un congrès de 450 vendeurs du monde agricole, réunis un soir à l'Empire, la célèbre salle avenue de Wagram, pendant le salon de l'Agriculture, l'un d'eux

---

1. AIDA : Attention, Intérêt, Désir, Action. Moyen mnémotechnique pour identifier les phases d'une vente ; utilisé également en publicité.

fit une chute spectaculaire dans l'escalier, sans dommage heureusement. Mais il faut prévoir jusqu'à ce type d'ennui, comme le fait cette multinationale qui envoie ses vendeurs, plusieurs centaines, visiter telle ou telle filiale en pays tropicaux ; ils sont toujours escortés d'un médecin muni d'un stock de produits pharmaceutiques d'urgence ; une fois, cette présence souvent confortable, sauva une vie. Certains répartissent l'équipe sur plusieurs vols, lorsqu'on doit prendre l'avion, pour limiter les conséquences désastreuses d'un éventuel accident.

Pour réunir ses clients carrossiers, Sud-Peinture Diffusion organise une journée de concours de kart au Castellet ; André Martinez, responsable de cette PME de distribution, veille personnellement au contrat d'assurance qui couvre les participants. On ne sait jamais ! Et à tous les détails qui font de cette journée un moment dont les clients aiment à raconter, avec l'accent de Marseille, les dérapages et les grisantes sensations de vitesse au ras du sol.

Les campagnes

Dans de nombreuses professions, les produits sont saisonniers. Bien sûr dans le vêtement ou la chaussure, mais la peinture pour bricolage se vend à la belle saison, les rapports d'activité et bilans s'impriment au printemps, les engrais sont épandus en février – mars, les déménageurs sont surchargés en fin juin, juillet et septembre, les vaccins anti-grippe sont injectés en octobre et novembre, etc.

L'objectif de la campagne est d'utiliser à fond ce moment favorable, en concentrant le maximum de moyens sur un temps limité. Ces moyens doivent toucher tout votre réseau de distribution, jusqu'au client terminal ; l'idéal serait que tous emploient le même langage.

Pour cela, frappez d'entrée un grand coup ; il paraît qu'en F1 la voiture qui sort du virage 5 km/h. plus vite que les autres conserve cet avantage sur toute la ligne droite ; dans la vente si vous avez une longueur d'avance sur vos concurrents, ils auront du mal à vous rattraper. Vos vendeurs le savent bien, qui d'instinct tournent chez les clients à un rythme fou dès le début de la campagne.

Cette campagne est appuyée par publicité et promotion.

– La publicité et la promotion

Si vous êtes dans une entreprise dont la taille, et le métier, permettent une campagne d'envergure avec les grands médias – presse, radio, télévision – ces budgets sont en général hors de vos fonctions. Ils sont en tout cas hors du propos de cet ouvrage.*

Mais comment utiliser au mieux ces outils ?

Battez-vous pour obtenir que votre équipe soit évidemment informée avant le démarrage de cette artillerie lourde ; il est peu agréable, et peu efficace, de s'entendre dire par le client que votre nouveau spot, hier soir à la télé, était pas mal du tout, alors que vous n'étiez même pas au courant ! Cela existe.

Quels moyens sont indispensables pour concrétiser en commandes l'impact de la campagne ? Dépliants et catalogues axés sur le même thème, sont-ils utilisables pour vendre ? Comment les présenter au client, les travailler avec lui ? Un mailing, dont la dernière lettre arrivera le jour de la visite de votre vendeur, est-il utile ? Devez-vous utiliser, pour amplifier l'impact immédiat, des promoteurs ou des démonstratrices extérieurs à l'entreprise ? Sur tous ces points, et bien d'autres, élaborer avec votre équipe, au cours d'une réunion où les suggestions qu'ils apporteront sont bien utiles ; les former et les entraîner à bien utiliser tous ces moyens nécessite un investissement de temps et d'argent indispensable.

Mais tellement rentable !

La lettre de stimulation

La lettre évoque souvent l'idée de réprimande ; ce n'est pas de ce type de missive dont il s'agit ; d'ailleurs nous sommes tous très doués pour exprimer des reproches, nul besoin de nous perfectionner en ce domaine.

Mais quand avez-vous envoyé une lettre de félicitations pour la dernière fois ? Pourtant, un de vos vendeurs a sûrement mérité par ses efforts, ou ses succès, un envoi de ce genre. Vous le lui avez dit, bravo ! vous avez déploré de ne pouvoir le récompenser financièrement. Eh bien, écrivez ! Le chèque éventuel peut d'ailleurs être joint à la lettre. Nous avons tous un jour souffert d'avoir peiné pour réaliser un travail très délicat, dont personne ne s'est aperçu ; ce n'est guère encourageant. Il est vrai que féliciter n'est pas pour notre éducation, latine et négative, un acte normal ; et qu'un juriste très prudent vous dira qu'une lettre de ce genre sera gênante le jour où vous irez aux Prud'hommes avec ce vendeur. Mais surtout si vous n'avez rien d'autre dans le dossier, nous l'avons vu.

---

* Et si vous êtes en PME voir : *Publicité et petits budgets*, B. Moors, Les Éditions d'Organisation.

L'effet de la lettre est d'autant plus important qu'elle est plus rare, et hors de proportion avec le coût. Un de ces anciens qui ont le côté altruiste des grands vendeurs avait pris sous son aile le dernier jeune entré dans l'équipe ; il avait même, de son propre chef et à plusieurs reprises, consacré son samedi à lui transmettre ficelles et disciplines du métier. La lettre, signée du PDG, évoquait tous ces efforts et concluait : « de ceci, j'ai tenu à vous remercier personnellement. » Toute l'équipe en fut informée par ce VRP multicartes, qui avec le poids de son expérience affirmait : « Une boîte comme ça, je vous l'ai dit, ça vaut la peine de la représenter ! Vous ne trouverez nulle part un esprit pareil ! ».

Ou alors l'objectif de votre lettre est non de féliciter mais d'encourager à un effort sur un point précis ; évoquez la confiance en ses capacités, expliquez pourquoi cet effort et l'aide que vous apporterez. Dites quoi faire, bien sûr, mais surtout comment. Et ce qu'il gagnera à ce succès : part de marché, sûreté du chiffre d'affaires, ascension dans le rang des vendeurs, etc. Comme vous le voyez, le mot gagner n'est pas synonyme exclusif de davantage d'argent ! Le modèle le plus parfait de la lettre de stimulation est la lettre de Lincoln au Général Hooker, en janvier 1862, citée par J.Mc Pherson dans *La guerre de Sécession** ; mais aussi dans un ouvrage bien connu de tout commercial, le fameux « Comment se faire des amis ».

> *Écrire coûte peu… mais rapporte beaucoup.*

Le commando

Ce terme désigne une opération où vous concentrez vos forces de vente, pendant une durée limitée, deux jours à une semaine au plus, sur un secteur géographique. Vous regroupez par exemple les quatorze vendeurs que vous dirigez sur la France, pendant trois jours, sur le Sud-Ouest...

La logistique est essentielle ; déléguez-la au vendeur du secteur, qui après tout bénéficie de cet effort de tous. À lui donc l'organisation des transports, le choix de l'hôtel qui sera votre quartier général où tous se retrouveront chaque soir, et surtout la préparation pour chacun de la liste des clients et prospects à visiter, avec carte routière et plan d'accès détaillé : le vendeur venu de Strasbourg ne connaît pas la zone industrielle de Bayonne. Les effets bénéfiques d'une telle opération sont multiples. Le vendeur du secteur apprend à organiser pour les autres et donc à s'organiser lui-même ; l'ensemble de l'équipe apprend à mieux s'auto-discipliner ; le moral, toujours notre souci, monte avec la réunion

---

* Collection « Bouquins », Éditions Robert Laffont.

de synthèse de la journée où chacun conte ses succès et ses avatars ; ajoutons que les chiffres d'affaires, immédiats ou à terme, sont en général sympathiques et amortissent souvent largement le budget investi... et l'effet sur le moral de vos concurrents est un sous-produit intéressant ; mettez-vous à leur place, eux qui apprennent chez chacun de leurs clients soit que vous venez de passer et qu'ils vous ont confié telle commande, soit qu'ils veulent réfléchir, parce que vous avez rendez-vous cet après-midi.

Alain Rollez qui dirige avec enthousiasme et efficacité une équipe de vendeurs de peinture à des carrossiers organise ainsi des commandos dont les résultats sont toujours excellents, mais prétend qu'il y est forcé par son équipe qui demande : « Alors Alain, quand nous montes-tu une corrida ? ». C'est le nom qu'il a choisi pour ce type d'opération.

L'objectif réel peut être non seulement commercial, mais également humain. Il existe souvent entre le siège et le terrain des divergences ; au Crédit Mutuel d'Anjou, il y a déjà quelques années, ces oppositions prenaient des allures de muraille de Chine, suffisantes en l'occurrence pour que le directeur des relations humaines décide de monter une opération dont le but était de rapprocher siège et terrain. Baptisée « Force 7 », cette première opération du genre pour cette entreprise disposait de moyens modestes : réunion de tous les volontaires de 7 h 30 à 8 h 30 avec un petit déjeuner à l'hôtel Ibis proche du siège ; chaque participant recevait un attaché-case griffé « Force 7 », pratique et de belle qualité. Huit équipes de deux, un responsable du siège et un du terrain, partaient ensuite prospecter avec au moins trois rendez-vous fixés au préalable, et se retrouvaient le lendemain au même Ibis pour une synthèse des résultats de la veille. Cette synthèse devait porter sur les efforts accomplis, le nombre de contacts par exemple, et non sur les résultats ; c'était une prudence due au manque d'expérience. En fait, dès le premier compte rendu, il fut clair que nous pouvions mettre au tableau le chiffre d'affaires, qui était superbe... et imprévu ! Pendant trois jours, ces équipes mixtes prirent des coups mais aussi obtinrent de beaux succès, ensemble.

L'esprit au dernier petit déjeuner, avec les sourires francs, les exclamations et même un moment de fou-rire – Oui , dans la banque – prouvait que l'objectif était pleinement atteint.

> *Force-les de bâtir ensemble une tour, et tu les changeras en frères.*
> *(Saint-Exupery : Citadelle)*

Le concours

Les quatorze représentants de cette PME étaient réunis. Parmi eux un vétéran, trente ans de VRP, résultats excellents, et la voix qui porte.

– « Votre maudit concours, ne refaites plus jamais ça ! À notre âge, vous ne pensez pas que nous sommes des gamins prêts à courir après une sucette ! Et de toute façon, ça ne sert à rien ! »

Diable ! Au moins sur le dernier point, l'affirmation était fausse ; les chiffres étaient superbes. Et l'ancien venait de gagner, un voyage à Rome, ce que plusieurs lui firent immédiatement remarquer.

Mais la réponse était simple :

– « Évidemment, ils avaient prévenu ma femme ; c'est juste ce qu'il ne fallait pas faire. Alors elle, elle voulait retourner à Rome, et elle m'a enquiquiné sans arrêt : Où en es tu ? Est-ce que tu ne pourrais pas essayer ceci ? Tu devrais aller voir Untel, etc. Ah non, les concours décidément non ! ».

Lorsqu'il partait tourner avec cet ancien, le chef des ventes qui le dirigeait depuis des lustres était invité à son domicile. Cette fois, il arriva pour dîner juste avant le retour du vendeur, et l'épouse tint un langage différent : « Dès qu'il est revenu de la réunion au cours de laquelle vous avez annoncé le concours, mon mari m'a dit : « Rome, c'est pour nous. Pour notre anniversaire de mariage ». Et là, il a rajeuni de 10 ans. Il voulait gagner. Tellement qu'il est même reparti le dernier samedi pour être sûr de sa première place »...

C'était vrai... les deux dernières commandes étaient bien datées du samedi. Qui croire, alors ?

Les concours ont, comme beaucoup d'autres moyens, la réputation de la langue d'Esope : la meilleure ou la pire des choses ; dans certaines entreprises ils sont totalement inconnus ; dans d'autres on trouve de véritables « accros » du concours permanent. Ce qui est certain, c'est qu'une fois de plus la préparation en est essentielle, et qu'il s'agit d'un gros travail, que vous pouvez déléguer à une agence spécialisée si vous en avez l'envie et les moyens. Sinon, retroussons nos manches !

1. Le thème

Il doit satisfaire plusieurs impératifs.

1 / Le thème doit être **clair**.

Plus simple sera votre règlement, mieux ce sera. Pour d'évidentes nécessités de compréhension, mais aussi d'efficacité. Si, pour se situer, votre vendeur doit : affecter à chaque commande le cœfficient correspondant au type de clientèle ; multiplier par l'indice de chaque famille de produits ; pourquoi pas extraire la racine carrée des km parcourus ! Vos vendeurs se lasseront vite de ce fouillis.

Choisissez donc un thème simple : nombre de commandes quelle qu'en soit la valeur ; nombre de premières commandes chez des prospects ; etc.

2 / Chacun doit avoir sa chance.

Imaginons que votre équipe comporte un vendeur qui travaille autour de votre siège, où la notoriété de votre entreprise est considérable, et où depuis longtemps vous avez fidélisé 60 % de la clientèle. Au contraire, un autre de vos vendeurs est sur un secteur lointain, où votre entreprise est quasi inconnue, avec quelques rares clients. Si votre thème de concours est le chiffre d'affaires, le vendeur de la région du siège est sûr de l'emporter, quels que soient les efforts de votre prospecteur lointain. Mais si, au contraire, vous choisissez les premières commandes chez les prospects, celui dont le taux de pénétration est de 60 % n'a aucune chance.

Pour vérifier la valeur de votre thème, une simulation des résultats sur les mois précédents vous aidera. Vous découvrirez peut-être que les secteurs de vos vendeurs sont si différents que le thème parfait n'existe pas ; quelle que soit votre décision, un ou plusieurs ne peuvent imaginer gagner. Vous devrez alors choisir deux thèmes ; par exemple, le nombre de commandes qui favorisera ceux dont le secteur comprend de nombreux petits clients, et le nombre de lignes de commandes qui favorisera ceux dont le secteur comprend de gros clients, ou des grossistes et des revendeurs.

> *Votre thème doit être perçu comme équitable :*
> *chacun doit pouvoir gagner.*

3 / Le thème doit être utile.

Vous voulez naturellement que votre thème soit en harmonie avec votre politique, vos objectifs. Il doit permettre la publication des résultats chaque semaine, au plus chaque quinzaine ; ce sera l'occasion de relancer votre équipe.

Vous le voyez, choisir votre thème demande réflexion et c'est parfois dès ce stade que se joue le succès de votre opération.

2. La préparation matérielle

Comme toujours, c'est avant que doit être effectué le plus gros du travail.

1/ Comment annoncer votre concours ?

Trouver un nom, d'abord. Écartez le mot concours, qui évoque ceux qui sont reçus et ceux qui sont recalés, les bons et les mauvais ; vous voulez avec cette opération, comme toujours :

> *Souder l'équipe, et non la diviser.*

Le vocabulaire sportif vous suggère quantité de noms qui évoqueront l'émulation amicale, la compétition, et non la rivalité ou la jalousie : Rallye de..., Coupe du..., Championnat en..., Tour du..., Open pour..., Record de..., etc.

Ce nom conditionne grandement le ton qui marquera la période de votre opération : le but est de s'amuser, de rire, non de se prendre au sérieux.

> *Plus que les prix, c'est l'ambiance qui est stimulante.*

Votre nom choisi, l'annonce doit surprendre. Bien sûr vous choisirez d'utiliser, si possible, une réunion de votre équipe pour cela ; au début de la dernière après-midi, vous dévoilerez le secret bien gardé jusque-là. Par exemple vous aurez disposé à chaque place, pendant le déjeuner, une enveloppe nominative scellée à la cire ; ce n'est pas bien difficile à réaliser, ne coûte pas cher, et étonnera votre équipe. Interdiction d'ouvrir avant l'heure fixée, 14 heures par exemple, pour les présents comme pour ceux qui sont au loin et ont reçu la même enveloppe chez eux ou à l'hôtel déterminé à l'avance ; le contenu est naturellement le règlement du concours, et la présentation des différents prix, de manière séduisante bien sûr. Les dépliants d'agence de voyage, ou le catalogue des prix par points si vous avez choisi cette solution, doivent faire saliver votre équipe, dès maintenant. Si possible vous avez organisé une conférence téléphonique pour que les vendeurs lointains soient « avec » vous tous. Et tout le monde attend l'heure. Qu'y-a-t-il dans l'enveloppe ?

C'est vraiment du cirque, du cinéma, diront les esprits chagrins ; et ils ont raison. Mais c'est ce qu'attend votre équipe. Souvenez-vous de la psychologie des vendeurs.

Bien sûr si vous disposez de beaucoup d'argent, il sera encore plus facile de rendre votre présentation différente et amusante. Aller jusqu'à la scène classique hollywoodienne de la pin-up jaillissant de l'énorme gâteau, pourquoi pas ? Osez le surprenant !

2/ Les prix et autres supports matériels.

Il en faut ! Tout dépendra de votre budget...

Il y a deux approches : soit vous concentrez l'essentiel sur un seul prix, en gardant 20 % de votre masse de manœuvre pour les récompenses accessoires ; soit vous dispersez ce budget sur l'ensemble de votre équipe, et dans ce cas chacun gagnera quelque chose.

Cette deuxième solution est utilisée avec les catalogues que vous proposent de multiples fournisseurs, y compris les grands de la vente par correspondance. Si vous avez tant de points vous recevez un stylo-bille, et tant de points une cuisine équipée. La formule offre l'avantage de vous décharger de la logistique des prix, et de vous fournir des dépliants et catalogues fort bien faits.

Mais il semble, à l'expérience, que le principe de stratégie de la concentration des forces soit là aussi valable : centrer votre budget disponible sur un seul prix, vraiment de rêve, serait plus efficace.

> *Un seul gagnant, avec un prix important ?*
> *... ou tous gagnants, mais des lots de moindre valeur ?*[2]

Car votre prix, ou vos prix, doivent être du rêve. La définition pourrait être : « Ce que je voudrais bien m'offrir, mais ce n'est vraiment pas raisonnable ». Quel que soit votre budget, affectez-le à de la très haute qualité : un week-end à Rome parce que vous ne pouvez financer une semaine, mais dans un hôtel cinq étoiles ; une seule bouteille d'une excellente année d'un très grand cru fera plus d'effet que le carton de six d'un cru banal que l'on achète facilement au supermarché.

Si vous manquez de moyens, pensez aux récompenses honorifiques, une coupe gravée par exemple ; ou un diplôme, sur papier du Moulin Richard De Bas et joliment encadré ; ou alors un déjeuner avec toute la direction de l'entreprise. Là , veillez bien à la qualité de la réception. Ces moyens sont peu onéreux, et le goût pour les parchemins et la reconnaissance sociale, sous toutes ses formes, sont un stimulant puissant. Nous en avions parlé pour le permis de conduire.

---

2. Avez-vous, ami lecteur, un avis ou une expérience sur ce plan ? Votre opinion me ferait grand plaisir ! Merci de la communiquer à l'éditeur, qui transmettra à André Bernole Conseil.

Enfin, le prix classique des concours de vente est le voyage. Il correspond si bien à partir, cette pulsion de votre équipe que nous avons évoquée. Et il y a tant de possibilités, à des tarifs si variés : depuis le week-end à Venise ou à Jersey, avec un hôtel luxueux, répétons-le, mais en demi-pension si votre budget l'impose ; en passant par New-York, en Concorde bien sûr ; les Seychelles, etc.

Pour ce choix évitez le piège dont nous avons parlé dès le début : se projeter ; votre goût, vos rêves ne sont pas obligatoirement ceux de votre équipe. Le service marketing d'une très grande entreprise a conçu pour ses distributeurs un concours, fort compliqué du reste, dont le prix est un superbe voyage au Canada... pour une personne ! Oui, vous avez bien lu. Immédiatement les vendeurs, en découvrant les détails luxueux, furent abasourdis, et l'opinion de tous fut résumée par : « Eh ben... c'est tellement magnifique que je ne risque pas d'avoir les moyens d'y emmener ma femme ! ». La seule pensée de ce voyage en solitaire était un repoussoir. Il est probable que le responsable du service marketing est un, ou une, célibataire endurci(e), qui a conçu le voyage dont lui-même rêvait. Il ne doit pas connaître la solitude des soirées dans ces hôtels de « pros », avec les dîners seul à une table, que nous avons évoqués. Là comme ailleurs, vous savez que faire appel à de vrais professionnels de l'organisation du voyage de groupe et de stimulation – par exemple Découverte Voyages à Eragny (95) – est une garantie de réussite.

Vous conserverez 20 % environ de votre budget pour des prix surprises et pour un éventuel « prix de la malchance », comme dans le Tour de France ; un événement imprévu peut un jour le rendre indispensable.

Vous aurez de plus besoin de prix surprises pour accompagner l'envoi hebdomadaire des résultats. Que reçoit le vainqueur d'étape ? Un bouquet, *via* Interflora, pour un coût modique, et les résultats de la semaine seront plus sympathiques que publiés par note de service.

Pour le dernier, un luminaire avec une ampoule de couleur rouge. Une semaine, vous expédierez les résultats sur carte postale de Venise ou de New-York, suivant votre prix, etc.

> *L'envoi hebdomadaire de vos résultats est l'occasion de relancer l'ambiance, l'esprit de votre concours. Accompagnez-les d'un cadeau amusant, inattendu, qui chaque semaine ravivera les sourires.*

Vous voyez qu'il vous faut préparer, avant, tous ces supports matériels.

3. La période et la durée

Si vous affrontez ce gros travail d'organisation, c'est pour accroître vos ventes. Deux périodes sont donc à éviter :

– le moment de pleine activité, où toute votre entreprise est déjà débordée par les commandes ; vous ne gagnerez rien de plus, puisque vous êtes déjà au maximum ! Vous avez sûrement été frappé par ces quinzaines commerciales placées à la rentrée des classes, ou en pleine période de Noël, c'est-à-dire lorsque les magasins débordent de clients. À moins que l'objectif ne soit d'attirer la chalandise de la ville voisine, ou du centre commercial situé à l'extérieur, on comprend mal l'impact recherché par une telle opération à cette période-là ;

– le moment de creux absolu, où quoi que vous fassiez vous êtes dans une période si défavorable que vous n'arriverez à rien, sauf par une chance peu vraisemblable : placer votre concours du 15 juillet au 31 août si vos clients sont des entreprises, notamment des PME qui mettent la clef sous la porte, quel résultat espérer ?

Choisissez donc les semaines où l'enthousiasme pourra accélérer vos prises de commandes : par exemple avant la période de pleine activité, quand vos clients peuvent anticiper leurs commandes ; ou encore juste après, quand vous pouvez prolonger quelque peu cette sensation d'euphorie.

Quant à la durée, nous avons évoqué la notion du temps qui pour les vendeurs est différente. Trois mois est sans doute un maximum ; d'ailleurs comment maintenir plus longtemps un tel élan ? Le minimum étant 15 jours ou 3 semaines ; pourquoi utiliser un moyen aussi lourd que le concours pour une période plus brève ?

Ces notions jouent fortement et méritent réflexion.

Dans une PME fabriquant des produits du type arts de la table, vendant surtout aux boutiques, nous avions monté un concours qui démarrait début septembre. La fin ? Le directeur commercial choisit le 30 novembre, puisque en décembre les clients ne commandent plus guère et que les représentants ont du mal à être reçus dans les magasins où se pressent les acheteurs. Le concours fut un succès. Mais alors que le chiffre des autres mois de décembre déclinait doucement jusqu'au 15, cette année-là le 1er décembre fut marqué par une chute vertigineuse. L'équipe s'était donnée à fond pendant les trois mois du concours, et avait littéralement stoppé dès la ligne d'arrivée. Heureusement les résultats obtenus compensaient largement ce mois de décembre calamiteux.

4. Concerner « les autres »

Nous avons déjà vu que votre succès est fondé sur l'ambiance. Vous avez pour cela besoin des autres services de l'entreprise, et de plus cette opération aidera à se rapprocher, à mieux comprendre votre équipe, à orienter toute l'entreprise vers son objectif : vendre.

Bien sûr si dans votre métier vos vendeurs travaillent en équipe avec d'autres fonctions, pensez à les associer au concours, même si ces personnes ne dépendent pas de vous. Les chauffeurs, ou les téléphonistes, ont parfois un rôle important. Dans un métier comme la vente du papier, le vendeur et sa téléphoniste forment un couple rodé, travaillant sur le même secteur ; votre concours sera alors bien plus efficace s'il a pour critère les résultats de ce couple, l'un et l'autre gagnant un voyage pour deux (identiques ou non, c'est à réfléchir). Quant à savoir ensuite qui part avec qui, et s'il y a du vrai dans les plaisanteries qui affirment qu'ils ont mis leurs gains en commun pour profiter des deux voyages... cela sort de notre champ de responsabilité ! Le type des prix peut d'ailleurs être différent, pour ce personnel plus statique que vos vendeurs ; un chauffeur avait été enchanté du prix gagné, une nuit en Novotel pour deux personnes, qu'il avait placée sur le trajet familial des sports d'hiver. Ce même prix aurait certainement été moins apprécié des vendeurs qui y passent leur vie.

Il est possible, souhaitable, et peu onéreux, d'associer toute l'entreprise à cette opération. Vous créez le « Tiercé des Champions » : chaque semaine toute personne travaillant dans l'entreprise dispose d'un bulletin, pour désigner les trois vendeurs vainqueurs cette semaine-là, dans l'ordre ; les bulletins sont placés dans une urne (scellée, évidemment) conservée dans le bureau du PDG, avant le mercredi 10 heures dernier délai. Le lundi suivant, devant témoins, le PDG et sa secrétaire ouvrent l'urne, et le ticket gagnant reçoit un prix. En cas d'ex-aequo, le règlement peut prévoir un tirage au sort. Les prix peuvent être de l'ordre de 100 à 200 F, c'est suffisant ; la nature de ce cadeau va de la belle bouteille, en passant par la boîte de foie gras, aux fleurs ou au Laguiole, ou au Thiers, trois pièces. Mais vous saurez que l'objectif est pleinement atteint lorsque vous verrez un chauffeur demander à un de ses amis vendeur, le mardi soir, où il en est ; pour lui dire ensuite : « Je te joue, cette semaine. Alors, vas-y, et tâche de gagner ! ». Et que d'autres, le lundi matin, viendront découvrir le résultat que vous placez dans le couloir : trois planchettes décalées en hauteur figurent facilement un podium olympique, où l'on colle les photos des vainqueurs, le nom du gagnant du tiercé, et à côté le classement général provisoire.

> *Informez, et si possible concernez, toute l'entreprise.*
> *Du PDG à la femme de ménage.*

Terminons en impliquant le deuxième chef des ventes, elle, l'épouse. Bien sûr elle est informée par courrier, annonçant le concours, le règlement, les prix. Ce courrier est posté pour arriver le jour, ou le lendemain, de l'annonce. Il est clair que tous les aspects, l'envoi des résultats, avec un bouquet de fleurs, les prix, avec le voyage pour deux personnes, sont pensés pour la concerner. Doit-on, peut-on, aller plus loin encore ? Lui demander de choisir, au démarrage du concours, entre telle et telle destination de voyage, par exemple ?

C'est possible. Dans une entreprise de petite taille, car il est clair que la première condition est de bien connaître chaque situation particulière, pour éviter les impairs. Et surtout si vous le souhaitez.

Car si vous avez vraiment envie d'agir ainsi, si cela vient vraiment du cœur, la perception ne sera pas celle d'une intrusion dans la vie privée. Mais sinon, respecter votre équipe amène à être très, très, prudent sur ces aspects.

Check – list de votre concours

1/ Objectif défini :	**12/ Lancement :**
	Réunion organisée le
2/ Thème choisi :	Documents préparés
	Présence de
3/ Thème simulé et vérifié	Affiches pour salle
	Affiches pour siège
	Envoi aux domiciles
4/ Résultats hebdomadaires établis par :	
	13/ Information tous services :
5/ Période définie du	
au	Jeu éventuel
6/ Personnel participant :	**14/ Prix :**
	Au(x) gagnant(s)
	Ou à tous
7/ Budget affecté :	Prix malchance éventuel
8/ Nom de baptême de l'opération :	**15/ Aspects honorifiques :**
	Remise des prix par
9/ Règlement rédigé le	Lieu............Date
	Diplôme(s)
10/ Règlement imprimé le	Coupe(s)
	Photos
11/ Envoi des résultats partiels :	
1re Semaine accompagnés de :	Diffusion à
2e Semaine accompagnés de :	**16/ Autres :**
3e Semaine accompagnés de :	
4e Semaine accompagnés de :	
5e Semaine accompagnés de :	

A FAIRE...	ÉVITEZ DE...
– **Créez l'élan** : il vous faut « pousser » votre équipe au succès. **Un vendeur est un homme que l'on fait vendre.**	– Les laisser « se débrouiller » seuls, puisque « après tout, ils sont payés pour » et qu'« ils sont assez grands ».
– **Remettez en cause** statuts et modes de rémunération ; lors d'un recrutement, par exemple. Là comme ailleurs, **Guerre à la routine !**	– « On a toujours fait comme ça », « Ce n'est pas le moment », « C'est trop cher », « Notre métier est très particulier », « On n'a pas le temps ». Que de belles raisons pour rester calfeutré dans sa routine ! Sont-elles bonnes ? La dernière, oui. On n'a jamais le temps ; il faut le prendre.
– **Sécurisez votre équipe**, tant sur le plan de la confiance (en vous-même, l'entreprise, le produit,...) que sur celui d'un revenu assuré suffisant. **Après**, seulement après, **vous pourrez la stimuler.**	– Utiliser les méthodes de stimulation alors que l'entreprise traverse une crise ; c'est inefficace, et parfois même néfaste.
– **Fixez** pour critère d'une prime le point sur lequel vous voulez faire progresser votre équipe, ou tel de vos vendeurs. Et **changez ce critère** régulièrement.	– Garder toujours le même indice, par exemple le bon vieux chiffre d'affaires ; il est très adapté à une période de la vie de votre entreprise, mais est-ce le cas longtemps ?
– **Écrivez** pour féliciter et encourager. **Quand ils font bien, ils ont besoin de savoir... que vous le savez !**	– Donner à vos écrits l'image négative de pensums et de reproches ; ils s'efforceront de ne plus y prêter attention et de les oublier. Comme pour... les P.V. de stationnement.
– **Réunissez-les en commandos** sur un secteur. Vous gagnerez en esprit d'équipe, en moral, en commandes. Et confiez l'organisation au vendeur local qui en sera heureux, et la gérera mieux que vous.	– « On n'a jamais fait comme ça », « Ce n'est pas le moment », « C'est trop cher » etc. (Bis, voir plus haut).
– Préparez avec soin votre concours. Investissez-y du temps et du cœur. C'est bien plus important que l'argent.	– Délaisser cette arme fabuleuse qu'est le concours ; ou se contenter de choisir les prix, qui sont secondaires.
– **Fêtez** les succès ! C'est l'ambiance qui est stimulante. **Le premier client du chef des ventes, c'est son équipe.**	– Être sérieux, voire tristes. Faire sérieusement ce que l'on doit n'oblige pas à se prendre au sérieux.

Chapitre 6

AIDER

> *Objectifs : faciliter les ventes et soutenir tant moralement que matériellement vos vendeurs dans leur quotidien.*

Aller « au charbon »

Vous êtes conseil d'entreprises. Pour préparer la session de formation décidée par ce nouveau client, vous découvrez au siège les particularités de l'entreprise, et la complexité technique de ses produits. Bien sûr vous êtes courtoisement reçu, et impressionné par la remarquable organisation qui vous est expliquée par les responsables commerciaux. Comme tout cela est bien pensé, bien huilé ! Vous quittez le siège lesté de documents en tous genres, que vous essayez de comprendre le soir après dîner.

Car le lendemain matin vous avez rendez-vous au Mans à 7 h 30 avec un des vendeurs, pour tourner avec lui. C'est d'ailleurs vous qui avez insisté pour aller sur le terrain. À l'heure, tous les deux, vous avez le temps de prendre un café bienvenu. Vous lui confirmez le but de votre présence : apprendre ; vous décidez avec lui comment justifier votre présence face aux clients, toujours curieux lors d'une visite à deux. Et en route !

Tout se passe bien. Vous êtes dans ces PME rurales où les mètres carrés paraissent plus grands qu'ailleurs, car ils ne sont pas rétrécis par murs et barrières voisines ; et dont l'efficience familiale a un goût de bon sens et une odeur d'accent du Perche.

De retour à la voiture, pour prendre quelques notes, vous ouvrez votre attaché-case ; le vendeur qui en voit le contenu, notamment les documents qui vous ont été remis hier au siège, est soudain à l'arrêt, comme un épagneul à trois mètres d'une bécasse.

« – Vous en avez un ? ». « Un quoi ? » demandez-vous ingénument « – Un catalogue, bien sûr ! ».

Et là, vous découvrez qu'il a reçu, il y a six mois environ, un carton de 50 de ces nouveaux catalogues, qui sont très intéressants pour les clients : pleins de croquis techniques, de normes...

Évidemment en moins d'un mois, le stock était distribué, d'autant que dans ce métier il est clair qu'une entreprise cliente mérite deux ou trois exemplaires, car deux ou trois personnes au moins sont impliquées dans la décision d'achat. Le vendeur en a demandé, à plusieurs reprises, mais rien. Il paraît qu'il n'y en a plus.

Depuis, notre vendeur photocopie le seul exemplaire qui lui reste ; en noir et blanc ! Et agrafe, comme il le peut, les 150 pages...

Les clients sont, semble-t-il, heureux de cette liasse mal lisible.

Bien sûr, vous lui donnez celui que vous avez reçu, hier, au siège. Pour un peu il vous embrasserait. Mais vous, vous revoyez le placard métallique d'où l'on avait sorti votre exemplaire, regorgeant de cartons bien alignés. Des cartons de 50 ? Si seulement vous aviez pensé à en demander un, ou même deux ; Le vendeur serait tellement heureux ! Et que deviendront ces exemplaires si jalousement protégés ? Dépassés dans deux ou trois ans, ils seront envoyés au pilon. La nouvelle règle d'or d'une brillante gestion serait-elle : « Ne donnez jamais de catalogues à vos vendeurs... ils seraient bien capables de les distribuer aux clients, voire aux prospects ! ».

> *Documents, catalogues, cartes de visite*
> *sont créés pour être remis aux clients.*
> *C'est lorsque votre équipe n'en utilise pas assez,*
> *qu'il faut lui en faire reproche.*

Le recrutement de deux jeunes, essentiellement pour prospecter, avait obligé un responsable des achats à faire imprimer deux boîtes de cartes de visite. Lorsqu'en trois mois ce stock fut épuisé par ces jeunes de valeur, le même responsable devant la demande de réimpression s'écria : « Mais qu'est-ce qu'ils en font ? Ils les mangent ? Normalement, une boîte de cartes de visite dure bien deux ou trois ans ».

Surtout si l'on ne voit jamais de nouveaux clients ! Méfiez-vous des « vendeurs » qui n'ont jamais besoin de cartes de visite.

Il est fréquent qu'il y ait entre la vision du siège et la réalité du terrain des écarts de ce type. Non que la bonne volonté des uns ou des autres soit en cause ; mais à force de limiter le champ d'action à quatre murs, la myopie nous gagne ! Vous-même, et les principaux responsables de votre entreprise, quand avez-vous passé une journée entière en clientèle pour la dernière fois ? Répétons-le,

> *Allez sur le terrain. C'est là-bas que tout se joue.*

Mais la visite en clientèle doit être préparée.

La visite d'accompagnement et ses objectifs

Tourner avec vos vendeurs est indispensable. Vous aimez, tant mieux ; cela vous aidera à dégager le temps nécessaire. Mais au-delà de s'accorder un petit plaisir, ce qui est important pour votre équilibre, la visite en clientèle peut avoir plusieurs objectifs... et receler quelques chausse-trapes.

• Prendre une commande

Conclure une affaire importante, gagner un nouveau client peut certes être un objectif ; il est des cas où, pour dénouer une situation bloquée, la présence d'un tiers, surtout le supérieur hiérarchique, est indispensable.

Mais le danger est dans l'insistance du client pour le respect d'une règle bien établie :
– Le représentant accorde 2 % de remise ;
– Le directeur régional, ou le chef de secteur, 4 % ;
– Le directeur commercial, 6 % ;
– Le PDG, 8, voire 10 %.

Plus l'on monte dans la hiérarchie, plus le taux de remise est sympathique.

Cette politique, hélas fréquente, a pour conséquence naturelle la tendance de monsieur Client à n'accepter de traiter qu'avec le PDG. Forcément, puisque c'est lui qui accorde la plus grosse remise.

Mais à quoi sert, alors, votre équipe ? Ne croyez pas qu'il s'agisse d'une plaisanterie ; telle centrale de grande surface, pour les référencements, déclare refuser de recevoir quiconque, sauf le PDG ; lorsqu'il s'agit d'une PME. Pour les multinationales de l'alimentaire, la règle est quand même assouplie.

Méfiez-vous enfin du téléphone, qui est une arme redoutable pour certains clients ; ils ont bien raison, puisque cela leur rapporte.

Vous êtes chez un acheteur difficile, donc valable, qui essaie d'obtenir du vendeur un délai de paiement vraiment indécent. Le vendeur se défend, refuse avec doigté et fermeté. Mais le client change de tactique.

« – Attendez un instant ». Et il téléphone à notre siège.

« – Passez-moi monsieur Untel » (Le PDG).

« – Comment allez-vous, cher ami ? Je vous appelle pour un service personnel. Je tiens naturellement à passer commande chez vous ; mais il me faut un délai de paiement qui... Oui, Oui, je sais bien qu'il s'agit de dépasser vos normes, c'est même pour cela que je vous le demande personnellement ; vous seul, c'est évident, pouvez... Bien entendu, c'est confidentiel... Merci, à très bientôt ! ».

Tête du vendeur.

Nous commettons tous des erreurs. Celle-là ? Il suffit d'être pris par un sujet important, un peu fatigué, préoccupé par la sous-charge de travail de l'atelier, et... le téléphone a le pouvoir de nous surprendre, sans que nous ayons le temps de nous préparer à cet entretien d'autant plus dangereux qu'il a un ton amical. Et là, qui ira ensuite vers cet acheteur coriace pour réduire ce délai de paiement ? L'auteur de l'erreur ? (Bon courage !).

Comment sortir de ce piège ? Le client attend de vous la remise, qui sera exceptionnelle la première fois, puis la règle chez lui... en attendant de le devenir chez tous les autres, qui l'apprendront un jour et exigeront le même avantage, sinon plus encore. D'abord en ayant un tarif. Un vrai. Respecté par tous. Si vous êtes contraint de le varier, un tarif à colonnes : de la quantité 1 à la quantité 10, remise 0 ; de 11 à 100, 2 % ; de 101 à 500, 4 % etc. Ce tarif est, répétons-le, appliqué par tous. Vous connaissez la parade, lorsqu'un client vous demande de franchir les bornes : « Vous êtes, comme moi, responsable d'entreprise. Ce tarif, c'est moi qui l'ai décidé ; donc je le respecte, même si je suis le seul. Etre tenu par ses propres décisions, vous savez ce que c'est ! »

Ensuite, jouez avec le système. Si monsieur Client veut absolument rencontrer un responsable, faisons-lui ce plaisir. Une PME aux résultats enviables, représentée par une équipe de valeur, a décidé de doter les vendeurs d'une deuxième carte de visite, où ils sont désignés comme « Directeur Commercial ». Naturellement cette carte est utilisée avec parcimonie, en informant l'entreprise pour éviter d'éventuels impairs. Et cela marche.

(Non, ami lecteur curieux, vous ne connaîtrez pas le nom de l'équipe qui s'amuse à ce sport. C'est peut-être l'un de vos fournisseurs...)

Et lorsque vous accompagnez votre vendeur, mettez au point avant d'arriver chez le client le scénario de la négociation. Lorsque l'on en arrive au prix et conditions de paiement, reculez votre chaise pour bien marquer que vous êtes hors-jeu, et laissez votre vendeur agir : « C'est son secteur, ici c'est lui le patron ». Ce qui, d'ailleurs, devrait être la stricte vérité. Et si vous devez concéder un point, ce sera lui qui l'accordera. Jamais vous. Jamais.

De retour dans la voiture, vous en profitez pour lui rappeler de toujours essayer d'obtenir quelque chose en échange de l'avantage concédé, si par hasard il a négligé cet aspect essentiel de la négociation.

> *Prendre une commande, oui.*
> *Mais en respectant vos propres règles. Et vos vendeurs.*

Nous avons déjà vu que votre équipe s'identifie à vous, s'approprie vos méthodes, vous ressemble. Si vous transgressez votre propre politique, là aussi elle vous imitera. Et vous serez obligés de vigoureusement interdire aux autres vos propres façon d'agir.

Heureusement, la visite d'accompagnement peut avoir bien d'autres objectifs que la commande.

• Former, entraîner, mais aussi apprendre

Vous savez que l'idée de former, c'est-à-dire seulement de transmettre des connaissances, devrait être remplacée par celle d'entraîner, donc de créer des réflexes, des comportements. Le premier des acquis, sur le terrain, est une vision des résultats de votre formation, quelle qu'elle soit. Vous avez par exemple organisé des sessions de techniques de vente, avec des vendeurs de coopératives et de négoces, dans le monde agricole, pour les aider à mieux vendre engrais, semences, produits phytosanitaires. Ces réunions ont été chaleureuses ; les feuilles d'appréciation à l'issue des stages, excellentes. Et vous tournez successivement avec cinq vendeurs, quelques semaines après. Quelle leçon de modestie, pour le formateur ! Aucun des vendeurs n'utilise par exemple « l'Alternative », et pas davantage « PASTIS »[1].

Pourtant les occasions d'employer l'une et l'autre n'ont pas manqué.

Après ce constat, vous pouvez aider votre équipe à progresser en suivant le mode classique : 1/ Expliquer ; 2/ Faire Voir ; 3/ Faire Faire ; 4/ Contrôler, avec éventuel retour à la phase 1. Par exemple : « L'alternative consiste à proposer deux choix positifs comme : préférez-vous le produit A ou le produit B ? ; tu regardes comment je vais faire ». Puis dans la voiture, après votre démonstration : « Tu as bien compris ? Bon, chez le client suivant, à ton tour ! ». Etc. C'est simple, et efficace.

Certaines entreprises vont jusqu'à faire de cet accompagnement un moyen de contrôle, de véritable notation. Certes, le contrôle de l'impact de votre formation, c'est-à-dire de la valeur du formateur peut être envisagé ; c'est sur le terrain que se voit l'application. Mais cet aperçu nécessairement court, car vous ne disposez que de peu de temps pour accompagner chaque équipier, est souvent bien mince pour une évaluation aussi délicate que celle d'un potentiel humain. La vision que nous avons est de plus faussée. Par le client lui-même, qui cherche à protéger « son » vendeur ; par le vendeur qui vous emmène souvent là où il l'a décidé, avec d'excellentes raisons bien sûr ! Il est de plus dommage de gâcher le soutien du moral, si important, par l'existence d'une feuille de notation. Qui risque d'être d'autant plus dure que les erreurs sont si évidentes, quand on est spectateur. C'est la conséquence de « l'effet TV ».

« L'effet TV » est un phénomène auquel il faut prendre garde lorsque vous êtes en visite d'accompagnement. Quel est ce piège ?

Samedi après-midi. Vous regardez, avec quelques amis passionnés, France – Ecosse. Et la deuxième ligne écossaise nous sèvre de ballon. « Pourtant c'est simple, ils devraient... ». Comme c'est facile, bien assis dans son fauteuil ! Sur le terrain, le vrai, celui où l'on entend le choc des corps, où l'odeur de l'embrocation couvre celle de la sueur – ça, ça ne se transmet pas à la TV ! – c'est autrement difficile. Les mastodontes écossais sautent comme des cabris, et leur coquin de lanceur nous feinte à chaque fois. « Y-a-qu'à » prendre la balle à deux mains, bien sûr. Essayez donc !

---

1. PASTIS : Technique de réponse à l'habituel « Vous êtes cher ! ». P : le Produit, quel est-il ? A : Adapté à quel besoin ? S : en Sac ou en vrac (emballage) ? T : Tonnage, quantité achetée ? I : les Instants de la vente (date de la commande, de la livraison, du paiement) ? S : quels Services (livraison par exemple) ? Permet, souvent, de découvrir un élément non mentionné par le concurrent, qui explique que son prix soit si bas ! Et aide le client à mieux acheter.

Or en visite d'accompagnement, vous êtes dans la même situation de « téléspectateur ». À côté de vous, votre vendeur explique le nouveau produit, et vous avez les mêmes sensations : pourquoi ne démontre-t-il pas cet avantage ? Là , il devrait demander au client si... Allez, ferre, la commande est dans la poche ! Oui donc ; comme l'essai face aux Écossais, sans doute ! C'est cela, « l'effet TV » : tout est si simple, si facile, quand on est spectateur et non acteur.

D'ailleurs vous savez bien que la pratique est toujours délicate ; vous êtes parfois intervenu, pour aider votre vendeur, par exemple, à conclure. Si de beaux succès ont couronné votre action, vous avez connu quelques échecs ; votre vendeur, de retour dans la voiture, vous a gentiment expliqué que ce n'était pas grave, que vous ne pouviez pas connaître tel détail. Comme on est indulgent pour les erreurs des autres, lorsqu'on pratique soi-même !

> En accompagnement de votre vendeur, demandez-vous :
> « Et si c'était moi, à sa place ?
> Ferais-je mieux... ou, au contraire, bien pire ? »

Devenu plus modeste, en observant vraiment comment agit votre vendeur, vous découvrirez des solutions pratiques bien utiles. Dans un métier où montrer les échantillons au client est vital, un vendeur ouvrait sa marmotte[2], et enroulait sur lui-même le velours recouvrant les produits ; ce geste valorisait ces produits à l'extrême, donnant le sentiment qu'on dévoilait les bijoux de la couronne, pas moins ! Le plus surprenant était que ceci lui était tellement naturel que le vendeur n'avait pas conscience de la valeur de ce mouvement, que ses mains accomplissaient d'instinct. Mais quelques semaines après, lors de la réunion de l'équipe, il était heureux d'apprendre aux collègues comment rouler ce velours ; ce qui était plus difficile avec les marmottes des autres, dont le tissu n'était pas habitué à être ainsi manipulé.

Seul le terrain nous apprend ce genre de détail. Si vous êtes vraiment à l'affût, en accompagnant votre équipe, vous en découvrirez mille autres !

• Vivre, faire, ensemble. Et partager les échecs !

Accompagner vos vendeurs peut avoir pour seul but de vivre leur quotidien, de partager efforts, triomphes, ou déceptions. D'accumuler du « vécu », qui atténue le sentiment d'isolement et resserre l'équipe.

---

2. Marmotte : valise servant au transport, et à la présentation, des échantillons.

Prendre des coups ensemble rapproche tout autant, parfois plus, que les succès.

Michel est un grand vendeur. Par les résultats, et par la taille. Conseil d'entreprises, vous tournez depuis plusieurs jours avec les vendeurs d'une équipe, pour suggérer ensuite des améliorations possibles. Le siège, comme ses collègues, vous ont décrit Michel comme très grand. Vous arrivez ce vendredi par le premier avion tôt le matin, dans cette métropole du sud déjà noyée de soleil ; vous le repérez au premier coup d'œil, dominant les silhouettes qui attendent. La voiture est, vous vous en doutiez, rangée et propre ; il conduit superbement. La description, avant notre première visite, du client et de l'objectif est précise, concise. Pas de doute, Michel est un grand.

Vous voilà en scène. Michel connaît le produit, y compris son usage bien sûr, sur le bout des doigts ; pourtant il s'agit d'un produit très complexe, utilisé par des techniciens de très haut niveau, comme notre interlocuteur. Quelle belle vente ! Vous prenez, heureux, quelque leçon qui soulève des questions, au retour dans la voiture où l'on peut parler librement. Et Michel de répondre « Ah ! Vous aviez remarqué ça ! C'est une astuce à moi... ». L'ambiance se réchauffe.

10 heures. Le deuxième client, un service parmi bien d'autres dans une très grande entreprise. Tout se passe bien... Mais après notre vente, le client ajoute : « Au fait, je tiens à vous dire que telle filiale vient de décider d'acheter chez X. ; la lettre qui vous en informe doit partir aujourd'hui. Ce n'est pas trop grave pour vous, j'espère ? ». Souriant et détendu, Michel rassure notre interlocuteur, le remercie de l'information, et de sa gentillesse. Rien n'apparaît, mais vous commencez à connaître votre Michel et vous avez vu sa main se crisper. Vous prenez congé.

Pas un mot pendant le retour au parking, sauf quelques « Bonjour ! » chaleureux aux personnes croisées. Vous voilà enfin dans la voiture.

Un peu anxieux, vous questionnez ; la réponse, hélas, justifie vos craintes : « C'est pire que ça ! Ce client, à lui seul, nous prend X... KF (nombre vraiment élevé de milliers de Francs) ; c'est le premier client de France, et le deuxième d'Europe ! Car ils regroupent pour leurs commandes tel et tel service, ceci et cela. Ils procèdent par une espèce d'appel d'offres annuel, et donc je n'y ferai rien pendant au moins un an ».

Vous essayez d'aider, de suggérer d'autres entreprises sur son secteur où, peut-être... « Non, le potentiel de celui dont vous parlez est X... KF (Il manque un zéro au nombre de Francs.) ; ils sont le seul client de cette taille. Et c'est moi qui l'ai perdu ! Oh, je sais bien comment ;

chez X., leur produit est aussi bon que le nôtre, sauf sur tel et tel points ; ils ont proposé telle compensation, telle facilité et ça a marché ! J'aurai dû... ». Plus loin : « Et à l'usine, les conséquences ! Alors que c'est déjà dur ! Comment vont-ils faire ? ».

Vous entrez chez le client suivant. Michel y est bon, bien sûr ; mais pas très bon. Les réflexes sont là, la tête est ailleurs ; il manque cette flamme, cet enthousiasme interne, ce punch.

Il est 12 h 30, et le déjeuner approche. Vous connaissez les vendeurs, et vous savez qu'il y a deux attitudes : soit nous irons dans un restaurant de beau niveau, justifié par votre présence, en fait pour se consoler ; soit la cafétéria de grande surface, avec plat du jour et carafe d'eau, pour se punir. Michel vous guide dans un bistrot plus que simple, où nous avalons un steak-frites pour quelques Francs. Vous devez insister pour offrir un café.

Retour dans la voiture. « Tu vois, j'étais le meilleur vendeur ; maintenant nous sommes tous au même niveau. C'est peut-être mieux comme ça ! Tu ne savais pas qu'on a une prime d'équipe sur ce chiffre en fin d'année ? Eh bien, on ne risque pas de l'atteindre, par ma faute. Moi, c'est pas grave, à mon âge je suis établi, mais Pierre avec qui tu as tourné avant-hier vient de construire sa maison et il a besoin de cet argent ! Décidément je mets tout le monde dans la merde ».

Vous êtes passé de « vous » à « tu » sans vous en apercevoir ; mais l'ambiance n'est pas à l'euphorie. Vous suggérez de téléphoner au siège, pour prévenir ; Michel répond : « Pour leur dire quoi ? Ce n'est même pas officiel ! ». Vous essayez d'encourager, de suggérer ; et lui, sensible à l'intention : « Mais toi, pourquoi ça te touche tant que cela ? Tu es extérieur, ce n'est pas ta boîte, ni ton chiffre ; après tout tu t'en fiches ! ». Vous répondez qu'il faut être un bel ectoplasme pour ne pas partager cet échec, même si l'on est « de l'extérieur. »

Mais vous passez à côté d'une cabine téléphonique, et vous vous arrêtez. Cela suffit ! Vous expliquez à Michel que s'il n'appelle pas le siège, vous allez le faire vous-même ; sinon, il va passer tout le week-end à ruminer cette perte, à broyer du noir, sans pouvoir se battre.

Vous le poussez dans la cabine.

La conversation est longue. Très longue. Et il ressort : « Ouf, t'avais raison ; je me sens mieux. Ils savent, maintenant. Je ne savais pas comment le leur annoncer ». Dans la voiture, l'ambiance est presque normale. Nous recommençons à sourire.

Et Michel, tout à trac : « Mais dis donc, toi qui a si bien compris ce que je vivais, tu as sûrement pris des coups de ce genre, non ? Pour penser au week-end passé à broyer du noir, 'faut l'avoir vécu ».

Oui, bien sûr. Et un vendredi, comme toi, Michel.

Depuis, Michel se bat toujours pour reconquérir ce client perdu ; ce n'est pas regagné à l'heure où ces lignes sont écrites[3]. Pas encore. Mais il conserve sa première place. C'est normal, Michel est un grand.

Votre aide, ce jour-là ? Comprendre votre vendeur et sa détresse, et le pousser dans la cabine téléphonique. C'est si simple ! Mais partager ces moments-là est si important.

> *Vendre c'est aimer gagner, donc, aussi, savoir perdre.*

Le vécu, si nécessaire à ce soutien moral de votre équipe, doit se composer de moments de succès ; mais aussi des coups pris ensemble, des matchs perdus, comme au rugby ! Il vous faut savoir, quand on s'est bien battu, quand on a été digne, quand on a fait ce que l'on doit, transformer les échecs en souvenirs. Patinés par le temps, ces souvenirs vous donnent la crédibilité, et l'estime, de votre équipe. Car cette crédibilité vient lorsque vous savez partager avec eux, non seulement les triomphes, les moments faciles, mais aussi les désespoirs, les erreurs, les échecs, les doutes...

Là, vous aidez vraiment votre équipe.

Le poste de travail du vendeur

Pourquoi ce terme de « poste de travail » pour le vendeur, alors que ce vocable est habituellement réservé à des fonctions de production ? Le poste de travail du fraiseur, de l'ajusteur, de l'informaticien, oui. Mais le poste de travail du vendeur ?

Peut-être par... jalousie. En effet tous ces postes de travail sont l'objet de beaucoup de soins ; l'équipement en est réfléchi, essayé, adapté, l'utilisation mesurée et filmée, l'éclairage étudié et défini. Les suggestions d'amélioration sont recueillies, puis examinées, souvent mises en place. On parle d'ergonomie.

Pour le vendeur, en revanche s'il existe des entreprises où ces éléments sont soignés, dans hélas bien des cas ce poste de travail est une caricature. Depuis les quatre copies du bon de commande avec des car-

---

3. Si ! C'est regagné ! À l'instant. Bravo Michel !

bones (Eh oui , cela existe encore !), en passant par les cartes de visites fabriquées par le vendeur, un bristol orné d'un tampon un peu baveux ; les documents rares et mal conçus ; les échantillons remis en quantité homéopathique et transportés dans le sac plastique à l'enseigne d'une grande surface ; les feuilles de rapport et autres documents administratifs... bien administratifs ; Sans parler des documents techniques uniquement en français, qu'un vendeur rejoignant récemment un pays lointain traduisait dans l'avion, annotant au stylo-bille les imprimés qu'il devait remettre à ses clients.

C'est la grande misère. Même sur le plan de la sécurité. Est-il concevable de laisser, pour 50 000 km par an et davantage, les vendeurs sur les routes enneigées des Vosges – ou verglacées de la Bretagne – à leur seule formation du permis de conduire ? Il est vrai qu'en général les équipes de vente ont peu d'accidents (C'est un sentiment ; existe-t-il des statistiques sur le sujet ?) ; mais leur faire suivre une journée de formation à la conduite sur route glissante, est-ce si coûteux ? Il s'agit de sécurité.

L'équipement de votre vendeur est de plus une composante de votre image, certes celle qu'ont les clients de votre entreprise, mais aussi celle que vos vendeurs ont d'eux-mêmes ! Tous ces éléments sont vus, parfois même utilisés par le client, et vous êtes peut-être davantage jugé par votre marché à partir de ce bric-à-brac qu'à partir de votre usine ou de votre siège, que les clients voient rarement.

• Les outils de la vente

La voiture bien sûr ; trop humble, elle donne à votre entreprise une image de gagne-petit ; trop luxueuse, elle incite votre client à exiger un tarif plus bas. Les extrêmes sont à proscrire. Le client trouve souhaitable un équipement d'un prix élevé, si cet équipement aide à résoudre ses problèmes, si le but est d'être plus, ou mieux, à son service.

L'attaché-case, ou la serviette ; la collection, ou les échantillons et leur emballage ; le bon de commande ; la calculette ou l'ordinateur portable ; le stylo et le papier pour prendre des notes ; la carte de visite, le document qui laisse une trace de votre passage chez le client ; le catalogue, la notice sur tel produit ; le chariot pour transporter tout cet ensemble en une seule fois chez le client ; l'ordinateur encore, avec évidemment un modem, le téléphone portable, pour communiquer avec le siège ; et les nouveautés, inconnues aujourd'hui, qui existeront demain.

Tout cela, et d'autres outils encore, mérite d'être réfléchi avec votre équipe pour être parfaitement adapté à votre métier.

• **Quelques exemples**

Nous devrions tous avoir deux modèles de cartes de visite : le format français habituel, qui sert à transmettre un message écrit, « Vous envoie ci-joint, comme convenu, la documentation sur... » ; et le format carte de crédit, pour être rangée facilement, que les Anglo-Saxons appellent « calling card », littéralement la carte à téléphoner ; son but est de fournir au client votre identité, votre fonction, et les coordonnées où vous joindre. Ce dernier format est celui que l'on donne au prospect dès le début du contact, pour qu'il ait votre nom sous les yeux ; ou que l'on agrafe sur la documentation remise. Ces cartes peuvent être imprimées sur du papier de couleur, votre couleur ; cela ne coûte guère plus cher que l'habituel bristol blanc.

Les documents descriptifs de vos produits doivent être pensés pour vendre, en partant des besoins du client, de l'usage du produit ; or combien de notices sont des descriptions purement techniques, à la limite du compréhensible pour le non-initié qu'est un client normal. Leur seul usage est alors d'être laissées à la fin de la visite avec le faible espoir qu'une main complaisante les ouvrira, plutôt que de les classer verticalement dans la corbeille à papier.

Mais combien de très coûteux supports de ce genre ne sont jamais lus, sauf... par les concurrents. Vous avez peut-être sur votre bureau en ce moment quelque exemplaire de ce type de document, dont vous vous êtes dit : « Un jour, il faudra que je le regarde ». Et que vous ne lirez jamais.

Ou encore les moyens de paiement : doter votre équipe d'une carte bancaire d'entreprise, qui peut bien entendu être programmée pour ne pas avoir accès aux distributeurs automatiques de billets, permet à votre vendeur de payer le carburant à n'importe quelle station, de régler hôtel ou péages etc. sans avoir à avancer ces sommes ; de plus vous prouvez à votre équipe, et à vos clients qui le sauront car vos vendeurs seront fiers de le montrer, que vous avez confiance en eux. Et le relevé mensuel que vous recevez est bien pratique pour maîtriser les dépenses.

Tous ces outils identifient votre équipe, comme par exemple celle que dirige Patrick Trion chez ICI Valentine, dont un client dit : « On les reconnaît tout de suite, ils ont tous leur time-manager à la main ». Cet organiseur, sorte de gros agenda aux multiples fonctions, est devenu le signe d'appartenance de l'équipe. Et démontre que vous êtes une équipe.

Faites faire

Aider votre équipe est dévoreur de temps.

Le temps de transport pour aller tourner sur Nice, Copenhague, Perros-Guirec ou Liège avec l'un et l'autre, le temps d'étude et de mise au point d'un catalogue, etc., tout cela est surajouté à un emploi du temps déjà bien rempli.

Nous avons évoqué le fait que les outils de la vente constituent un sujet à aborder en réunion avec toute l'équipe. Mais au-delà, désigner un de vos vendeurs pour trouver, mettre au point, pour tous les autres l'un de ces outils vous libère. C'est, de plus, une garantie d'efficacité. À Thiers, la gainerie Charles Pradel fabrique des valises de présentation – les marmottes – pour des produits très variés. Naturellement cette fabrication est toujours sur mesure, ce qui oblige à des rencontres à l'usine, pour définir ces valises.

Or, bien que l'Auvergne soit une région adorable, venir à Thiers depuis Lille ou Bordeaux est bien loin ! Patrick Vedel, PDG de cette PME, suggère donc à ses clients responsables d'entreprises de déléguer au vendeur qui travaille sur l'Auvergne l'élaboration de la série de marmottes ; de son expérience, chaque fois, c'est avec beaucoup de compétence que les choix sont déterminés par celui qui, après tout, est l'un des utilisateurs. Mieux même que par des responsables venus du siège.

Un de vos vendeurs a une grande expérience sur un plan technique ; organisez les visites d'accompagnement pour qu'il transmette ses connaissances à ses collègues ; ce perfectionnement est d'ailleurs réciproque, et ce spécialiste de la technique recevra en retour, de celui qu'il aide, un entraînement par exemple commercial.

Et en les incitant à s'entraider, vous améliorez encore davantage l'esprit d'équipe. Vous aurez peut-être la bonne surprise de constater que l'un d'eux est particulièrement efficace dans ce rôle, qu'il est souvent réclamé par les autres, en somme qu'il est meilleur que vous pour aider l'équipe. Tant mieux, vous tenez là votre « poulain », votre adjoint, même si aucune nomination officielle ne couronne cet état de fait. Formez-le à ce métier de chef des ventes, que vous aimez. Il vous permettra de vous libérer pour vous centrer sur l'essentiel. Plus tard, soit il vous remplacera si vous êtes promu ; avoir tout prêt à vous succéder votre poulain est dans certaines entreprises la condition indispensable pour monter dans la hiérarchie. Soit vous l'aiderez à quitter l'équipe pour une fonction de responsable dans une entreprise amie ; ce qui est mieux que de le voir partir à la concurrence. Et toute l'équipe sera heureuse d'être dans une entreprise où ces progressions sont possibles et encouragées. C'est une véritable rémunération, invisible mais bien réelle.

> *Aidez-les… à s'entraider.*

A FAIRE...	ÉVITEZ DE...
– **Allez sur le terrain** vivre avec eux. Là, vérifiez que les sages décisions prises au siège sont bien appliquées. Et qu'elles sont... sages !	– Trop économiser catalogues, échantillons, et autres aides à la vente. Bien enfermés dans un placard, ils ne servent à rien.
– **Préparez** et mettez au point **avant** la visite d'accompagnement. Pourquoi votre présence ? Qui fait quoi ? Combien, et sur quoi, le vendeur peut-il céder ? En échange de quoi ?	– Se donner rendez-vous chez le client, ou improviser la visite à deux. Dans la vente, comme au tennis, jouer en double exige d'accorder les violons, et beaucoup d'entraînement.
– **Fixez vos principes** – surtout tarifaires – et soyez le premier à les respecter. Souvenez-vous : « **Si tu rates les principes, les principes ne te rateront pas** ».	– Utiliser votre rang pour offrir des conditions exceptionnelles ; l'exception devient vite la règle. « Les concurrents tirent les prix vers le bas » : Est-ce bien sûr ? Nous commettons tous des erreurs !
– **Vendre, c'est aimer gagner, mais aussi savoir perdre.** Accompagnez-les aussi dans les visites perdantes.	– Prendre la commande à tout prix. Mais au prix de quoi ? L'échec, même avec votre aide, fait partie du métier.
– **Soyez conscient** de « l'effet TV » : **c'est si facile, quand on est spectateur !** Mais lui a sûrement bien agi quelque part. Trouvez dans sa vente des motifs de félicitations. Vous a-t-il appris quelque chose ? Si oui, sachez le remercier.	– Critiquer systématiquement son action : les « y fallait pas », « y-avait-qu'à » et autres « c'était-bien-simple-t'aurais-dû » ont pour effet de saper le moral. Ou alors il ne les entend même plus.
– **Veillez à l'équipement de vos vendeurs !** En tous types de matériels. Un bon ouvrier a de bons outils, un bon vendeur aussi. Même le stylo de vos vendeurs est une composante de votre image.	– Les laisser trouver seuls leurs outils. Ils improviseront et bricoleront. Certains très bien ! Mais les autres ? Et avoir tous le même équipement, c'est déjà être une équipe .
– **Créez, encouragez, organisez, l'entraide** au sein de l'équipe. Vous gagnerez en temps, en esprit d'équipe, et en résultats !	– « Diviser pour régner ». Une équipe, dans la vente comme en sport, gagne si, seulement si, elle est soudée !
– L'un d'eux se révèle aussi bon, voire meilleur que vous, pour les aider ? Parfait, **faites-en votre « poulain »**, et déléguez-lui ce qu'il réussit si bien !	– Freiner, brider, un équipier de valeur. Frilosité et jalousie sont indignes de vous, et surtout baissent le chiffre d'affaires et vos chances de promotion.

Chapitre 7

CONTRÔLER

Objectifs :
1/ Faire respecter les limites.
2/ Avoir la maîtrise de l'action de l'équipe, pour réagir vite, si besoin.

Contrôler ?

Fi donc, quel vilain mot ! Nous vivons dans un monde qui refuse ce concept. Il y a toujours eu, aux examens, des étudiants ou des élèves qui copiaient, qui « trichaient » comme on dit aujourd'hui. Et il y en aura sans doute toujours. Mais demandez à vos enfants combien ont été pris, quelle fut la sanction. Vous serez surpris ! Nul doute que devant cette absence de contrôle, pour beaucoup de jeunes, c'est celui qui ne « triche » pas qui a tort.

Toute société humaine a besoin de règles, dit-on ; un si vaste sujet est hors du propos de cet ouvrage. Mais toute entreprise, et plus sûrement toute équipe de vente a besoin pour survivre de limites, claires, connues, et respectées. Même Al Capone, qui dirigea à Chicago une entreprise dont l'objet social était fort peu moral, contrôlait ses troupes (Et avec quelle vigueur !).

Certes, et heureusement, les métiers où les vendeurs reçoivent du client le paiement comptant et en argent sonnant et trébuchant sont aujourd'hui rares, sauf pour les boutiques de détail. Les tentations de vol pur et simple sont donc moindres. Mais l'entente, moyennant quelle contrepartie, avec un confrère pour « perdre » tel marché ; mais les remplacements abusifs de marchandises prétendues détériorées ; mais tout simplement les faux rapports de visites, avec frais de déplacements fictifs qui sont bien réellement remboursés, cela existe. Et peut exister chez vous, dans votre équipe.

Et, si vous l'avez hélas vécu, vous pouvez en porter témoignage : ces détestables façons de procéder se propagent. Vite. Très vite. C'est la gangrène. Vous êtes alors contraint d'amputer, opération détestable.

Vous payez vos vendeurs pour respecter quelques règles ; cela fait partie de leur chèque.

Vous êtes payé pour faire respecter ces règles ; cela fait partie de votre chèque.

Mais quelles règles ? Avant de contrôler, il faut savoir sur quoi.

1. Définissez les limites

Le premier critère, c'est vous-même. Vos règles, vos limites personnelles. Vous ne vous garez jamais sur les places réservées aux handicapés, dans le parking d'une grande surface ? Alors, oui, vous pourrez exiger que votre équipe fasse de même. Vous agissez comme certains, utilisant ces emplacements dès que vous êtes pressé ? L'interdire à vos vendeurs sera comique et vous ne serez plus crédible. C'est donc à vous de réfléchir, et de définir, votre éthique. Encore un mot ringard, diront certains. Qu'importe !

Ces principes, qui sont vôtres, sont peu nombreux ? Tant mieux, ils n'en seront que plus faciles à exprimer et à mettre en œuvre. Ils sont très simples, naïfs même ? Parfait, vous voulez obtenir qu'ils soient respectés, c'est votre but, et ce sera d'autant plus facile. Laissons de côté la rédaction d'un traité de philosophie.

L'éthique du responsable finit par être celle de ses troupes, par identification. Mais cela implique que pour maîtriser l'équipe, le chef des ventes se maîtrise lui-même.

> *Définissez votre éthique. Et faites-la connaître.*

Le deuxième facteur est votre marché. La morale des clients dépend des clients ! Il est bien connu que des pays, des continents même, ont des règles qui parfois nous choquent, comme le célèbre bakchich. Lorsque l'on facilite un contact, ou que l'on influence une décision d'achat, dans ces pays, il est non seulement normal, mais aussi honnête de toucher un pourcentage ; c'est ainsi. Mais en Europe, en France ?

Dans une cité balnéaire, vous êtes le vendredi à l'ouverture d'une grande surface, pour effectuer vos achats avant la foule des touristes ; poussant votre chariot, vous remarquez en TG[1] une animatrice[2] qui s'installe pour la promotion d'une marque très connue. Elle dispose un panneau annonçant pour les acheteurs un tirage au sort, dont le premier prix est un téléphone sans fil. Un responsable du magasin, visiblement le chef de rayon, arrive et parle de quantités à vendre : « J'exige que... ». Comme il est cassant, ce petit chef ; en voilà un qui ignore tout de l'art de diriger une vendeuse ! Il regarde le tirage au sort, trouve le téléphone à son goût : « Il m'en faut justement un, je le prends ». Et il emporte son butin dans les coulisses. L'animatrice cache, avec de l'adhésif, la mention du premier prix sur son panneau. Ce type de racket, elle ne peut guère s'y opposer de sa seule initiative ; même si, échangeant quelques mots avec elle après l'incident, vous comprenez qu'elle ne porte pas dans son cœur ce profiteur en herbe.

Ce comportement est-il individuel ? Après tout il y a, c'est inévitable, des malhonnêtes dans toute corporation. S'il s'agit d'un cas isolé, vous pouvez refuser, peut-être même permettre aux responsables de cette entreprise cliente de corriger cette dérive en les informant. Ou vous pouvez accepter, en pensant qu'une exception de ce genre est sans importance.

Ou alors cette méthode est généralisée à beaucoup de cas. Vous avez, pour ces cas-là trois possibilités : accepter, payer ; Ou refuser, en espérant – car ce n'est pas certain – que vous ne perdrez pas le client, et concentrer vos efforts sur les clients sains (et qui sont souvent les plus exigeants) ; Ou bien vous retirer, progressivement de ce marché. Ce qui est souvent difficile, voire impossible.

Le choix est bien entendu conditionné par les caractéristiques de votre entreprise, et de votre marché.

Dire « oui » vous entraîne dans la spirale des remises sur la remise. Mais dire « non » et perdre le client peut avoir des conséquences catastrophiques.

---

1. Tête de Gondole (TG, en jargon professionnel) : c'est l'extrémité du rayon, dans l'allée où vous passez en poussant votre chariot. Cet endroit de passage obligé est bien sûr un excellent point de vente.

2. Les animatrices, ou démonstratrices, sont les charmantes personnes qui, installées en TG, tentent de vous convaincre (et y arrivent, souvent) d'acheter le produit en promotion. Pour ce métier, difficile comme toute vente, elles ne sont employées ni par la grande surface où vous les rencontrez, ni (sauf exception) par le fabricant du produit ; mais généralement par une entreprise de marketing terrain spécialisée dans la réalisation d'animations en grandes surfaces, pour le compte des fabricants de produits.

Pourquoi évoquer ces habitudes, qui après tout sont celles des clients et ne concernent apparemment pas le comportement de votre équipe ?

Bien évidemment parce que le contact quotidien avec ce milieu influe sur l'attitude de votre vendeur, c'est inévitable ; et vous devez être d'autant plus vigilant. Votre équipe est tentée d'adopter des comportements semblables. Quelle source de gangrène !

Mais aussi parce que vous serez parfois conduit à transgresser vos propres règles. Comme cette entreprise dans laquelle un vendeur, ingénieur et responsable export, avait rapporté au siège une note de frais de plus de 10 000 F pour une soirée à Paris avec un client. Dignitaire d'un pays lointain, celui-ci entendait bien profiter des charmes, de tous les charmes, de Paris by night ; et le vendeur avait dû l'escorter, et régler les factures, toutes les factures. Vous n'admettriez certainement pas ce niveau, et ce type, de dépenses s'il s'agissait de votre vendeur seul, mais là... Et à moins d'avoir l'âme d'un missionnaire, transformer l'éthique de vos clients n'est pas votre but.

> *Votre marché vous montre des exemples détestables ?*
> *Raison de plus pour définir vos règles.*
> *Et concentrer vos efforts sur les clients sains.*

Le troisième critère est le vécu, l'environnement de votre équipe. Surtout si vous venez d'arriver à leur tête. Ignorer les usages en vigueur, parfois laxistes, peut conduire à des erreurs !

Vous êtes, une fois par an, professeur vacataire dans une école prestigieuse de la région Parisienne. De 8 h 30 à 12 h 30, et de 14 h à 18 h indique l'emploi du temps, vous initiez les élèves aux mystères de la vente. Tous les ans, vous êtes irrité par les arrivées en retard, qui se prolongent systématiquement jusqu'à 9 h, et plus. Cette année vous demandez au concierge la clef de l'amphi ; à 8 h 30 précises, alors que seuls une dizaine d'élèves sont arrivés, vous fermez la porte à clef, et vous travaillez avec eux. Dehors, quelqu'un essaie vainement d'ouvrir...

Vers 10 h 30, à l'heure de la pause – on ne dit plus la récré à cet âge-là – vous ouvrez la porte. Derrière, la promo au complet, bureau des élèves en tête, vous attend. Vous expliquez que savoir être à l'heure fait partie de la vente, et que si nous sommes tous en retard une ou deux fois dans l'année, il est inadmissible que ce soit chaque jour. « Oui, mais M'sieur le RER arrive à 8 h 27, et le temps de venir de la gare. » Vous répondez qu'il y a sûrement un RER qui arrive à 8 h 17 et leur permettra donc d'être à l'heure. « Oui, oui, mais tous les autres profs prennent celui de 8 h 27 avec nous, et donc les cours ne commencent jamais à 8 h 30. »

Il est clair que fermer la porte dans ces conditions est stupide !

Il faut avant préciser les règles. Et l'on découvre alors que, en quasi-totalité, ces jeunes si sympathiques sont ponctuels – si leur « prof » l'est. Fixez vos règles, annoncez-les, et surtout respectez-les vous-même, et vos étudiants seront à l'heure.

Votre équipe a peut-être vécu, avant, avec des pratiques admises qui doivent être modifiées. Si cela est le cas, annoncez clairement les nouvelles règles ; ensuite seulement, faites-les appliquer.

> *Annoncez, rappelez toujours les règles avant d'agir.*

Bon, les règles sont définies et publiées. Il faut maintenant aborder la phase du contrôle.

2. Marquer les limites et inciter à leur respect

L'idée de contrôle est, pour les vendeurs, associée à un exemple connu de tous : le contrôle de la vitesse sur la route. Tous les vendeurs savent qu'il faut être très prudent dans les descentes, les longues lignes droites, les endroits bien dégagés ; il y a sans doute des radars sur les portions dangereuses, mais combien en avez-vous rencontré ? (En dépit des décisions annoncées par le Ministre des Transports). Le contrôle est alors une chasse aux fautifs, et cela seulement ; le sentiment général des coupables est plutôt « Je me suis fait piéger » que « J'ai commis une erreur ». La décision n'incombe sûrement pas aux exécutants, que l'on sent parfois ennuyés d'accomplir une mission sur laquelle il serait intéressant d'avoir leur avis, et qui sont peut-être eux-mêmes contrôlés sur le nombre d'infractions relevées.

Cet exemple, et combien d'autres, fait oublier la raison même de tout contrôle.

> *L'objectif du contrôle n'est pas de punir des fautifs,*
> *mais qu'il n'y ait pas de fautif.*
> *L'objectif du contrôle est que tous respectent les règles.*

Promodip, l'une des principales sociétés de marketing-terrain, comporte un département spécialisé dans l'évaluation et le contrôle de la qualité de service à la clientèle. La technique employée, celle des visites-mystères[3], a pour but d'aider le personnel des points visités à

---

3. La visite-mystère consiste à visiter anonymement des établissements commerciaux (chaînes de magasin, stations service, succursales de banque etc.) en se comportant comme le ferait un client ordinaire mais en appréciant, à l'aide d'un questionnaire confidentiel, la qualité de l'accueil et des services. En répétant ces visites, les progrès peuvent être mesurés.

progresser, dans l'accueil, la propreté, la présentation du produit ou l'argumentation, de constater les améliorations et de les encourager. Cette démarche positive est celle de tout progrès, de toute recherche de qualité. Et non de surprendre les gens en faute !

Le contrôle est d'abord une protection contre la tentation que nous avons tous, un jour ou l'autre, de franchir les limites. La première fois, peut-être involontairement, que nous avons traversé cette ligne blanche, personne n'a rien vu, aucune conséquence. La deuxième fois est presque délibérée (Oh ! Et puis zut, je passe quand même), et il ne se passe toujours rien. Et il arrive un moment où nous pensons que la ligne blanche est une indication d'un autre âge, qu'il est banal de passer de l'autre côté. Le chemin de la facilité est toujours séduisant.

Contrôler, c'est maintenir l'ordre normal ; le contrôle est à votre équipe ce que le chien est au troupeau : non un ersatz de loup, qui agresse et mord, mais le prolongement de la main du berger, qui guide vers l'objectif et protège. Qui sécurise l'équipe.

> *Contrôler ne signifie pas que vous n'avez pas confiance ;*
> *… mais, au contraire, que vous voulez continuer à avoir confiance.*

Les caissiers, depuis celui (ou celle) du bistrot du coin, jusqu'à celui d'une multinationale, sont bien sûr choisis parmi les gens de confiance ; pourtant le système de contrôle croisé qui leur est imposé, partout identique sur le principe, est très strict.

C'est une obligation, quand ces personnes ont sous la main, en liquide, des sommes parfois considérables. C'est l'absence de contrôle qui pourrait conduire ces gens, de confiance répétons-le, à devenir malhonnêtes.

Si nous ne les protégeons pas contre la tentation de puiser dans la caisse – toujours pour un emprunt, très temporaire, au début – cela se termine par une vraie escroquerie, et une sanction grave.

> *Cette sanction est notre échec à nous, responsables,*
> *qui n'avons pas su, pas voulu,*
> *pas osé peut-être, faire respecter les règles.*

Pour cette raison, le contrôle doit être visible, annoncé, normal, transparent, et non pas dissimulé soit comme un acte honteux, soit comme un piège ou une brimade.

Vous vérifiez par exemple les remboursements de kilomètres ; vous constatez une anomalie, téléphonez à l'intéressé et demandez pourquoi.

Bien sûr un bon vendeur a toujours une excellente raison à vous fournir. Vous l'acceptez, mais il sait que vous avez vu, et qu'il y a là une limite à respecter.

Ce simple fait suffit à redresser bien des errements. Vous pouvez ajouter : « Quand tu as 150 km de trop, comme ça, préviens-moi ; juste un mot qui m'évitera de chercher les raisons et de perdre mon temps. »

Ou encore, vous voulez vérifier l'exactitude des rapports ; pour cela vous téléphonez à un choix de clients déclarés visités la semaine précédente, sous prétexte par exemple de recueillir leurs avis sur telle nouveauté dans vos produits ou votre service, dont vos vendeurs ont dû leur parler.

Et vous savez que les visites indiquées sur les rapports ont bien eu lieu. Il vous reste à informer vos vendeurs de ce que vous avez retiré de tous ces contacts avec leurs clients, et à les féliciter de l'exactitude de leurs rapports. Ils savent que vous avez vérifié. Contrôler, dès lors, n'est plus tout contrôler sans cesse ; il suffit de le faire, systématiquement, une à deux fois par an, et de creuser lorsqu'il y a une anomalie, qu'avec l'expérience vous repérez vite.

Vous créerez ainsi les relations de confiance mutuelle qui sont si vitales pour une équipe.

Appel téléphonique à votre bureau vers 15 h ; un de vos vendeurs. « Je veux te prévenir, j'en ai marre, je ne fais rien de bon, je vais au cinéma ! ». « D'accord, va au cinéma. Mais qu'est-ce qui t'est arrivé ? ». « Je suis allé chez Untel, je me suis fait jeter ; chez un autre, rien à faire ; chez un troisième, ils ont changé d'acheteur... » et votre vendeur raconte ses malheurs. Il a tant besoin que quelqu'un l'écoute ! Et quelle confiance envers vous, dans cette confession. Ajoutons que dans ce cas vécu, au bout d'un quart d'heure, c'est le vendeur qui décida : « Je ne peux pas rester sur un paquet d'échecs pareils. Je retourne me "faire" un client ! ».

Le cinéma avait perdu un spectateur.

Mais il arrive, hélas, que les relations ne soient pas de cette nature et que vos remarques, vos incitations ne redressent en rien la situation.

3. Contraindre au respect des règles

Contraindre. Encore un vilain mot !

Mais vous avez déjà marqué que vous avez vu, vous avez déjà dit avec fermeté que vous refusiez cette façon d'agir, et l'effet est nul. Vous allez maintenant écrire, la première fois gentiment. En postant la lettre le vendredi pour qu'elle arrive le samedi et que votre vendeur l'ouvre lui-même, ou à l'inverse le jeudi si vous pensez qu'il est préférable que ce soit elle, l'épouse, le deuxième chef des ventes, qui ouvre ce courrier ; car elle peut être votre alliée ou votre adversaire, selon les cas. Nous en avons parlé.

Si cela ne modifie en rien le comportement, recommencez une autre lettre, que vous lui remettez en main propre dans votre bureau contre une signature. S'il refuse, c'est que la relation, avec votre entreprise, votre politique, ou vous-même, est pourrie. Si au contraire il accepte, le climat est positif.

Et si tout cela n'a aucun résultat, il faut avoir le courage de se séparer de l'élément perturbateur. Le plus vite possible. Le temps conduira plus souvent à une amplification des problèmes, qu'à une naissance de solution. Si cette éviction est difficile aujourd'hui pour des raisons financières, légales, ou commerciales, sera-t-elle plus facile demain ? Et dans l'intervalle, quelle quantité de temps vous « mangera » votre mauvais sujet : temps pour penser à lui ; temps pour en parler ; temps pour limiter ses errements ; temps pour essayer de le convaincre, car vous essaierez encore. Alors qu'il y a bien plus important à faire.

> *Votre équipe ne dénoncera jamais*
> *le mauvais collègue, le tricheur, le magouilleur ;*
> *mais elle vous respectera, et vous saura gré, de savoir le chasser.*

4. Attention aux faux contrôles !

En l'absence de contrôle systématique et factuel, la tentation existe de fonder la connaissance de l'équipe sur des éléments plus subjectifs, dont la validité mériterait d'être vérifiée.

Ce PDG d'une PME prospère a une passion. La chasse, la voile, ou le golf, qu'importe ! Et un dimanche, pratiquant son sport favori, il retrouve dans le groupe de passionnés un autre PDG, qui dirige une entreprise cliente. Pendant un moment de repos, il pose une question banale : « Que pensez-vous, cher ami, de mon vendeur Untel ? ». Pas si banale que cela, la question ; elle induit déjà que celui qui la pose n'a peut-être pas grande confiance en son équipier.

Est-ce par hasard, en pensant à l'action qui va reprendre ? Ou pour ennuyer son interlocuteur dont il trouve la question peu opportune ? Mais la réponse tombe : « Il ne doit pas être bien courageux. Je ne le vois jamais ! Peut-être parce que mon bureau est au troisième étage et qu'il a la flemme de monter les escaliers ». Le lundi matin, le chef des ventes qui dirige le vendeur reçoit ordre d'examiner de près « ce que fabrique ce fainéant », et d'agir en conséquence.

Le vendeur est bon. Les chiffres, chez le client en question comme ailleurs, satisfaisants. Pour tirer cela au clair, le chef des ventes modifie son emploi du temps et va tourner une journée avec le « fainéant ». En analysant le travail chez des clients, il demande comment fonctionnent les circuits de décision, dans différents cas.

Pour le client en cause la réponse du vendeur est claire : « Je suis allé voir, avec rendez-vous, le PDG ; il m'a indiqué que le seul responsable pour nos produits, c'est monsieur X., qui est l'acheteur ; et qu'il était inutile de revenir le voir, lui, le PDG. D'autant qu'il est très pris. Tout va bien, les commandes sont régulières. » Le chef des ventes demande au vendeur de passer quand même dire bonjour au PDG, mais avec une évidente bonne foi celui-ci rétorque : « Mais pourquoi faire ? Il n'y a vraiment aucun motif. C'est du temps perdu ! ».

Vous devinez l'argument du chef des ventes, qui bien sûr ne peut dévoiler les vraies raisons. « Vas-y quand même, à un passage sur deux. Pour me faire plaisir, juste pour cela. D'accord ? »

Et le vendeur passe dorénavant voir le PDG.

Collecter les bruits ou les rumeurs n'est pas un contrôle. Qu'on les nomme bouteillons, comme à l'armée, ou radio-couloir comme dans certaines entreprises, ces « il paraît que », et autres « on m'a dit » ont une importance que vous connaissez. Une information aura une valeur si, seulement si, elle a été vérifiée ; quant à la fiabilité de l'informateur, elle n'est pas liée à son seul statut !

Votre contrôle doit être fondé sur des faits, non des opinions ; nous avons déjà évoqué ces notions.

> *Votre contrôle doit porter sur les faits, les chiffres, relatifs au travail et aux résultats de votre équipe.*

Le rapport du vendeur

Il existe sur ce sujet deux extrêmes.

Dans certaines entreprises, surtout depuis l'arrivée massive de l'informatique et du modem, le vendeur va passer une heure chaque soir à entrer dans l'ordinateur central le moindre détail de sa journée. Il y a quelques années, au temps du papier, un vendeur disait : « Les rapports, c'est comme les copies de philo, c'est jugé au poids. Alors, tous les jours, j'écris mes quatre pages. Personne ne les lit, mais au siège ils sont contents. Et moi j'ai la paix ».

À l'opposé, dans de nombreuses PME il n'y a pas de rapport du tout. « Les représentants ne veulent pas », dit-on.

Comme ils ont raison, s'ils pensent aux quatre pages mentionnées plus haut. La seule connaissance de l'activité des vendeurs vient alors des seuls bons de commandes, qui traduisent les résultats, mais non le travail effectué. Ces équipes sont-elles vraiment dirigées, alors que la mince information disponible arrive toujours *a posteriori*, et parfois avec un délai démesuré ?

Rappelons que le rapport d'activité est une obligation légale.

Entre ces extrêmes, existe peut-être un juste milieu. Qui pourrait vous être utile à vous, chef des ventes, pour améliorer les résultats de l'entreprise. Pour avoir la maîtrise de l'action de votre équipe. Pour être un véritable chef des ventes. Juste milieu utile, aussi, au vendeur lui-même.

Le contenu du rapport

Ce contenu doit être réduit, pour deux raisons.

Vous voulez utiliser les informations reçues ; donc les lire avec attention, les trier, en faire la synthèse. Si vous recevez chaque jour quatre pages, de chacun de vos vendeurs (soit 40 pages, si vous dirigez 10 vendeurs) avez-vous vraiment le temps d'analyser ce monceau de papier ? Il vous faut recevoir le minimum ; ce minimum qui vous permet chaque jour en un quart d'heure ou une demi-heure, ou chaque début de semaine en une paire d'heures, de savoir pour agir.

Ce souhait de concision rejoint celui de vos vendeurs ; ils sont souvent, nous l'avons vu, « fâchés avec le papier », détestent les travaux administratifs inutiles. Plus court ce sera, mieux cela vaudra ! En mettant au point avec votre équipe tant le fond que la forme de ce minimum d'information, vous gagnerez en qualité, et en adhésion.

• **Qui a été vu ?**

C'est l'information de base.

La liste des contacts, clients ou prospects, est certainement indispensable. Pour répondre à la réclamation du client qui, au téléphone, affirme que le représentant « ne passe jamais », avant de reconnaître que « Ah, c'est vrai, mardi dernier, j'étais absent ». Pour diriger, encourager, la prospection. Etc.

Mais aussi parce que cette seule indication peut être vitale pour votre tableau de bord ; vous savez que la plus élémentaire des techniques de vente a été exprimée par un américain : « See people », « Voyez des gens ». Plus votre équipe rencontre de clients, plus votre chiffre d'affaires augmente. Dans une entreprise aux clients pourtant variés, un remarquable chef des ventes a calculé avec l'expérience un ratio : dans son équipe, deux visites produisent une commande. La commande moyenne est chez eux de X Francs. Il lui reste à compter les visites effectuées dans la semaine par son équipe, à diviser par deux et à multiplier par la valeur de la commande moyenne ; il connaît tout de suite le chiffre d'affaires.

Naturellement, à plus ou moins 5 %. En comparant avec les semaines équivalentes des années précédentes, il décèle immédiatement toute anomalie : action de la concurrence, baisse du moral de son équipe, et agit en conséquence. Dans la demi-journée.

Vous trouvez étonnant que l'action, la valeur d'une équipe, soient visibles à travers un chiffre aussi simplet ? Au début, son équipe doutait, comme vous ! Mais ce vieux briscard a ressorti de ses archives personnelles ses propres chiffres, datant de l'époque où lui-même était vendeur. Sur des années, avec l'équipe ils ont ensemble tout compté, en tenant compte de l'inflation naturellement. Et ils ont trouvé le même ratio de un sur deux, la même approximation du chiffre d'affaires total. Tous ces jeunes ont dû reconnaître que là aussi les chiffres disent la vérité. Bien sûr, ce type de calcul est loin d'une précision de comptable ; plus ou moins 5 % ferait hurler bien des gestionnaires ! Mais l'important pour vous est de déceler vite toute anomalie, pour agir dans les heures, ou les jours, qui suivent. Si vous attendez les chiffres certifiés, vous risquez de perdre un mois, et plus.

Vous avez sans doute, pour votre cas, quelque indicateur aussi grossier, et tout aussi efficace. Ajoutons à la liste des clients ou prospects vus, ceux que le vendeur va visiter la semaine prochaine ; pour aider votre équipe à s'organiser, mais aussi pour savoir où joindre votre vendeur si besoin. Dans certaines professions, la seule indication des villes à travailler est suffisante ; avec parfois l'adresse des hôtels où il est facile d'envoyer un fax à votre équipier ; le fax présente l'immense avantage d'être là, lisible, même si l'on ne consulte pas les e-mails de la boîte aux lettres.

- **Quelles autres indications sont indispensables ?**

Ces indications varient, avec votre métier, vos objectifs, le niveau de votre équipe. Elles sont donc à revoir, et à modifier éventuellement, chaque année.

Vous voulez que vos vendeurs prospectent ? La colonne « prospects » (2)[4] où il suffit de mettre une croix, vous permet – et leur permet – de voir facilement combien de prospects ont été visités. Vous voulez qu'ils travaillent davantage sur rendez-vous ? Là aussi une colonne « rendez-vous » (3) vous donne facilement le nombre de croix. Votre vendeur peut progresser grâce à cet autocontrôle. « Zut, je n'ai pas de croix dans cette colonne. Mon chef des ventes va m'en parler ! ». Et les croix fleurissent sur la fin du document.

Si cela ne suffit pas, une croix de plus : « vu » (4) ou « non vu ». Lorsque les croix sont fréquentes dans « non vu », vous pouvez alors dire à votre vendeur : « Tu vois, là et là, le temps que tu perds ? Les kilomètres que tu as faits, pour ne même pas voir le client ? Prends rendez-vous, je te le répète. »

Ou encore vous voulez, et votre vendeur aussi, savoir si tel document, tel catalogue a été remis au client Untel ? Une colonne « doc. remis » (6) vous l'indiquera.

Deux colonnes cependant méritent plus qu'une croix : la colonne « commandes » (7) dans laquelle vos vendeurs aiment à inscrire des montants, et les totaliser ; et la sempiternelle large colonne « observations » (8) où l'on pourra parfois lire : Voir ci-jointe la fiche « faits/opinion n° XX sur tel sujet ».

- **Obtenir la remontée rapide des rapports**

Vous voulez que ces rapports vous soient vite faxés ou renvoyés, via la poste ou internet, qu'importe ! Il est possible d'agir par note de service : « J'exige que tous les rapports soient sur mon bureau chaque lundi à 10 h. »

Une alternative plus efficace existe : ajoutez au bas de la feuille la place et les cases nécessaires au calcul du remboursement des frais de déplacements, tel qu'en est l'usage dans votre entreprise.

Et vous annoncez à l'équipe que dorénavant, vous paierez avec ce document, et rien d'autre. Vous verrez, cela active la remontée des rapports ! De plus il est bien plus facile de déceler une anomalie, par

---

4. Les chiffres (2), (3) etc. renvoient à la forme du rapport, page 142.

exemple de kilométrage, avec la liste des clients visités en regard sur la même feuille.

Vous avez peut-être dans votre équipe le vendeur têtu qui aura stocké suffisamment d'anciens formulaires « frais de déplacements » pour vous en expédier encore des mois après, naturellement sans le rapport. Le chef des ventes auquel cela est arrivé y mit fin par téléphone.

« Tu écoutes bien ? ». Et devant le combiné il déchire le formulaire ancien. « Ce que tu as entendu, c'est ta feuille de frais que j'ai déchi-rée en deux. Tu ne peux pas entendre que je la mets au panier, mais c'est fait. Si tu veux être payé, tu peux refaire tes calculs, sur la feuille de rapport cette fois. Et remplis-moi correctement l'ensemble, sinon... à la corbeille ! ».

Dans le « Ah ben alors... toi t'es dur, tu sais ! » du vendeur, on pou-vait entendre sourire et respect.

Bien évidemment un exemplaire de ces feuilles de rapport est conservé par le vendeur d'une saison sur l'autre, ou d'une année sur l'autre, cela dépend de votre métier.

Chacun sait alors ce qu'il avait fait pendant la semaine équivalente d'il y a quelques mois, cela peut modifier l'ordre des tournées, penser son travail, éviter telle perte de temps.*

Donc progresser.

---

* Vos vendeurs tireront profit de la lecture de : *Les 10 clefs de l'efficacité du commercial*, R. Moulinier, Les Éditions d'Organisation.

La forme du rapport

Ma semaine							
Nom du vendeur :					Semaine n°		
Signature :					Du .... au		
1 Noms	2 Prospects	3 R-V	4 Vu	5 Non vu	6 Doc remis	7 Commandes	8 Observations
1							
2							
3							
....							
....							
....							
X							
					TOTAL :		

FRAIS : Km : ....
  Péages : ....
  Tél. : ....
  Déjeuner : ....
				Chambre / Soirée VRP : ....
				Invitations : ....
				Autres (Préciser) : ....
				TOTAL :			

Il est bien clair que ceci n'est pas un modèle, mais un exemple ; quel est le nombre de visites normal dans votre métier ? Au milieu d'une « morte-saison » (période de promotion) dans le monde agricole, visiter 10 et même 15 clients dans la journée est possible. Les clients sont à quelques kilomètres au plus les uns des autres, avec des routes ou des chemins qui ne connaissent pas les bouchons, sans problèmes de parking. La feuille ci-dessus s'appellera alors « ma journée » et non pas « ma semaine ». Les intitulés des colonnes varient en fonction de votre métier, vos objectifs. Etc.

Redistribuer l'information

Vous avez maintenant, chaque lundi, la description de l'activité de votre équipe qui vous est nécessaire : nombre de visites effectuées, de prospects vus, de commandes prises, le chiffre d'affaires gagné.

Mais eux aussi ont besoin de savoir. Pour se situer par rapport aux collègues, continuer l'effort (« Je suis bon, ça va ! ») ou l'accroître (« Zut ! Je suis en retard ! Faut que je cravache... ») ; pour se sentir intégré à l'entreprise, à l'équipe, être informé aussi bien que ceux qui travaillent au siège ; pour toucher du doigt, partager, l'usage qui est fait de leurs rapports : ils sont heureux de voir que ces éléments servent à quelque chose.

Diffusez donc à vos vendeurs, chaque semaine, au moins chaque mois, une synthèse de leurs rapports. Inutile, là aussi, de commenter les chiffres s'ils sont mauvais ; ils sont parfaitement capables d'analyser tous ces éléments, ils les connaissent si bien ! Mais ajouter quelque « bravo à... », féliciter ainsi publiquement celui ou ceux qui le méritent, soit par leurs succès, soit par leurs efforts, est toujours un encouragement pour tous.

Vous voulez stimuler la prospection ? Vous diffusez le tableau du nombre de prospects visités par chacun. Augmenter le nombre de rendez-vous ? Ou la présentation du nouveau produit ? La synthèse des rapports est une arme de plus pour atteindre vos objectifs.

Ce sera une des rubriques les plus lues de votre « journal de l'équipe de vente ».

> *Diffusez la synthèse des rapports.*
> *Connaître les succès et les efforts, de tous et de chacun,*
> *soude et stimule l'équipe.*

Les objectifs

Une sympathique équipe de VRP est réunie, en ce début d'année. Examen des résultats de l'entreprise et de chacun. Les chiffres sont bons, l'entreprise saine. Et tous apprécient l'approche franche de toutes ces réalités, qui sont rarement diffusées ainsi.

Mais nous arrivons à la dernière colonne des chiffres de chacun. Elle est intitulée « objectifs » et exprimée en chiffre d'affaires.

En un coup d'œil vous constatez que les objectifs indiqués sont ambitieux. Très ambitieux, même ! Le plus modeste des accroissements est de 30 %, et cela monte à 120 % pour l'un des secteurs. Pourtant cette PME très ancienne est dans un métier bien stable, où nulle révolution technologique ne conduira à un taux de croissance fabuleux.

Vous questionnez discrètement votre voisin de réunion, un Toulousain vétéran de la vente et l'un des meilleurs chiffres du tableau examiné. Lui n'a « que » 45 % d'augmentation de son CA prévu. Naïvement, vous lui demandez s'il espère y parvenir. « Vous plaisantez ! Si je réussis + 7, ou + 8 % ce sera déjà bien beau ! ». Mais alors, son objectif ne sera pas atteint ?

« Pas d'importance ! De toute façon jamais aucun d'entre nous n'a atteint ses objectifs. C'est comme ça depuis toujours. »

Vous demandez quelles sont les conséquences. « Aucune conséquence. Je vous l'ai dit, ces chiffres-là sont sans importance. »

C'est vrai, les objectifs de l'an dernier ne sont écrits nulle part, et n'ont pas été évoqués.

À la pause, vous interrogez le directeur commercial sur l'origine de ces chiffres si optimistes « C'est le calcul de la comptabilité, en fonction de nos besoins financiers, et de la part de marché que nous devrions normalement avoir sur chaque secteur. » Comme ce « normalement » est superbe !

Combien d'objectifs sont en fait des prévisions, ou plus précisément des souhaits, et même des vœux pieux. Sans lien avec les réalités du marché, par exemple. Chacun sait pourtant que réaliser + 5 % est une piètre performance sur un marché en augmentation de + 7 %, mais un beau résultat sur un marché en chute de − 3 %.

Encore trop souvent la notion d'objectif est perçue par les équipes de vente comme des chiffres venus d'on ne sait où, bien entendu tellement élevés qu'ils sont impossibles à atteindre. Tout cela n'apportant rien pour le travail quotidien, sauf les inévitables reproches : « Vous êtes en retard », « Vous êtes très en-dessous », « Votre mois dernier n'est pas bon » etc.

Et bien rarement des félicitations dans le cas contraire !

Les caractéristiques d'un objectif

Un objectif doit être réaliste, et perçu comme tel. Si votre vendeur est persuadé dès le départ que ce n'est pas possible, s'il n'y croit pas, à quoi sert de fixer des objectifs qui ne seront pas atteints ? Et bien sûr cet objectif doit porter sur un résultat pour lequel le vendeur peut agir : une masse de marge brute, oui ; mais non la marge nette car ce critère est aussi fonction de la gestion générale de l'entreprise, laquelle n'est évidemment pas du domaine d'action de l'équipe de vente.

L'objectif est mesurable et fractionnable – dans le temps surtout, pour des vendeurs – donc exprimé avec des chiffres. En termes de résultats concrets, simples, à atteindre. Les vendeurs interpréteront : « Augmenter le chiffre d'affaires de 5 % » de bien des manières ; « Accroître de 5 % le nombre de nos visites » sera déjà mieux, surtout si vous précisez « C'est-à-dire une visite, une seule, de plus chaque semaine ».

Enfin, c'est évident, la fixation d'objectifs est bien plus efficace lorsqu'elle a lieu en concertation avec votre vendeur.

Tout cela, vous le savez. Surtout si votre métier touche aux produits de grande consommation, dont les ventes sont courtes et les clients terminaux innombrables. Dans les entreprises de grande taille le service marketing vous fournit, naturellement, tous les éléments nécessaires. Mais si vous êtes dans une PME vous ne pouvez compter que sur vous-même. Tant mieux ! Lorsque l'on crée soi-même ses outils, on les utilise bien plus efficacement.

Un soupçon de marketing

Nous avons dit et répété que le marketing commence sur le terrain ; appliquons ce principe, et partons de la vie du vendeur.

Son secteur est divisé en zones géographiques. Ou en tournées. Une zone autour de son domicile – la plus travaillée, en général – une autre au nord de tel fleuve, une troisième au-delà de telle chaîne de montagnes ou de telle grande ville.

La dimension des zones est très différente d'un métier à un autre : la coopérative agricole bretonne a pour zone de base la commune, qui comporte 50, 100 voire 200 clients potentiels pour ses produits ; à l'opposé, Socinfer, qui fabriquait à Chalon-sur-Saône des composants électroniques était représenté sur tout le Bassin parisien, y compris Paris, par un seul vendeur, qui se déplaçait jusqu'à Lille, et dont la zone « ouest Paris » englobait Rouen, comme le 7ᵉ arrondissement. C'est normal ; la clientèle n'a pas la même densité !

Pourquoi partir de la zone ? Parce que votre taux de pénétration est différent d'une zone à l'autre ; l'action y sera donc différente. Si vous avez sur la zone 1 un taux de pénétration de 40 %, et sur la zone 2 un taux de pénétration de 10 %, sur quelle zone un accroissement de vos ventes est-il le plus facile ?

Parce que la zone correspond à la vie de votre vendeur, à son activité, nous l'avons vu.

Parce que le système que vous allez mettre en place exige pour sa création du temps. Il est plus efficace de commencer par une seule zone, la première année, pour ensuite passer à la zone suivante. Si vous décidez d'appliquer ces méthodes du jour au lendemain partout, sur l'ensemble de tous les secteurs, ou bien cela ne sera jamais utilisé, ou bien votre équipe se transformera en chercheurs de marketing, et ne vendra plus pendant cette mise en place.

Ajoutons que cette phase de recherche peut être grandement facilitée par l'aide d'un stagiaire en fin d'études commerciales par exemple.

Le principe de l'outil est, comme d'habitude, simple. La difficulté est, comme toujours, dans la mise en place, et le suivi.

Le document de synthèse

ZONE GÉOGRAPHIQUE DE....................									
Potentiel total : ....(1)									
Nom Ville (2)	Potentiel (3)	Client ou Prospect (4)	Janv. (5)	Fév. (6)	Mar.	Nov.	Déc. (7)	Objectif (8)
1.								
2.								
3.								
4.								
....								
....								
X.								
Total : .... (9)		Total : .... (10)						

• En (1) indiquons le potentiel de consommation de vos produits sur la zone. Cette information est facile à obtenir dans certaines professions grâce aux syndicats professionnels, ou à l'INSEE ; mais dans d'autres quasi inexistante. Tant pis si vous ne pouvez l'avoir ; peut-être est-il possible de l'extrapoler du nombre de clients, que nous abordons ci-après.

• En (2) listons nominativement tous les clients, et prospects, existants. Qu'ils commandent chez vous ou pas, gros ou petits, cibles ou non de votre politique commerciale, par ordre alphabétique tout simplement. Cette information peut provenir d'un listing Minitel ou d'annuaires professionnels.

Déjà cette notion aidera vos vendeurs, qui souvent pensent qu'« ils connaissent tous les clients », à découvrir qu'il existe encore des possibilités de progresser. Ceci peut aussi être visualisé sur une carte de la zone ; au domicile d'un VRP multicarte, le mur de son bureau est orné des cartes Michelin au 1/100 000 juxtaposées, chaque tournée représentée par un fil de laine de couleur différente, chaque client ou prospect par une épingle à tête rouge pour les clients à fort potentiel, rose pour un potentiel moyen, et bien sûr des épingles à têtes vertes – la couleur de l'espérance – pour les prospects. Cette visualisation montre, parfois, entre les principaux axes routiers, de vastes étendues où il existe fort peu de clients, routine oblige ! Cette analyse est maintenant appelée « le Géo-Marketing ».

• La colonne (3) est consacrée au potentiel total d'achat de vos produits pour chacun des clients. C'est évidemment une approximation ; dans bien des métiers un ratio simple permet de trouver ce chiffre. Si vous vendez du papier aux imprimeurs, chaque personne employée « mange » X kilogrammes de papier. Il vous reste à multiplier par le nombre d'employés, que vous trouvez sur le bilan. Ou encore si vous vendez de la peinture aux carrossiers, un peintre utilise X Francs de produits ; sachant combien il y a de peintres ...

Vous le voyez, ce potentiel est à calculer « à la hache », mais en doutant des chiffres donnés par le client lui-même, qui surestime pour se donner de l'importance ; ou, au contraire, sous-estime pour vous prouver que vous êtes son seul fournisseur.

Il est évidemment souhaitable que le total de ces potentiels soit voisin du potentiel total de la zone, déjà indiqué en (1) !

• En (4) un signe conventionnel, P pour prospect et C pour client par exemple, montre immédiatement notre pénétration en clientèle. Et permet déjà de savoir sur qui concentrer les efforts.

• Les colonnes (5), (6), (7) etc. indiquent pour chaque mois l'action commerciale effectuée. Une simple croix peut indiquer une visite ; ou vous pouvez choisir de représenter chaque visite par un V, chaque commande par un C, chaque lettre expédiée au client par un L.

Avec ces indications, les découvertes sont assurées ! Vous trouverez le client au potentiel 100 qui aura été visité 2 fois dans l'année, alors qu'un autre au potentiel 10 aura été vu 13 fois. Il y a peut-être des raisons valables à de telles aberrations, mais l'intérêt est de les mettre en lumière, de le savoir. Votre vendeur dit : « C'est vrai, je vais souvent chez ce client. Il me remonte le moral ». Pourquoi pas ? S'offrir ce petit plaisir est parfois très justifié ! Si votre vendeur est conscient qu'il s'agit d'un petit plaisir...

Or là, le vendeur a sous ses yeux une synthèse de ses efforts sur cette zone, qui permet une vue d'ensemble ; et relever le nez au-dessus du guidon, c'est nécessaire pour dominer son métier.

• Enfin la colonne (8), la colonne Objectif, permet d'inscrire l'objectif que l'on se fixe chez chaque client. En fonction des efforts déjà investis, des résultats antérieurs que l'on trouve dans la fiche, ou le dossier du client. Et de réfléchir à comment, avec quels moyens, chez ce client-là, l'objectif défini sera atteint. « Chez lui, je peux faire tant de chiffre, avec le nouveau produit ». « Là, je suis passé la deuxième quinzaine de mars, et c'était un peu tard ; il me faut au moins trois visites chez lui avant cette date ». « Chez celui-ci, il faut inviter cinq personnes à visiter notre usine. » C'est un langage que parle votre vendeur. Il s'agit de ses réalités, de son quotidien.

Et comme les vendeurs sont des optimistes, c'est vous qui devrez tempérer les chiffres.

Le total vous donnera, ajouté à celui des autres zones géographiques, l'objectif global de votre vendeur. Objectif qui est crédible, car il est chiffré en partant de chaque client, de ce qui est possible.

Tout cela est bien sûr travaillé avec le vendeur, en tête-à-tête.

À l'expérience, une journée entière est nécessaire. Pour chaque vendeur, et pour une seule zone, au début. Mais avec la pratique vous affinerez votre système, vous irez beaucoup plus vite.

Vous disposez alors dans votre équipe d'un outil qui permet à chacun de réfléchir son action ; qui vous permet à vous, chef des ventes, de prévoir vraiment, et d'avoir la maîtrise de votre équipe.

Il reste, après avoir totalisé tout cela pour l'ensemble de l'équipe, à harmoniser ces chiffres avec ceux de votre direction générale, négociation parfois délicate. Mais vous avez maintenant en main des éléments solides.

Cet outil génère des relations différentes avec votre direction générale, votre service marketing ou comptabilité. Nous sommes parfois vus, nous les vendeurs, comme de beaux parleurs, des poètes naviguant à l'estime, allergiques à la précision des chiffres qui sont les repères constants de ces autres services. Changeons cette image !

Mais, comme dirait Kipling, cela est une autre histoire.

A FAIRE...	ÉVITEZ DE...
– **Définissez,** et osez proclamer, vos propres règles. Votre éthique.	– Accepter l'inacceptable, car « tout le monde fait comme ça ! ». Est-ce une raison valable ?
– **Contrôler** est un acte naturel. Ayez le courage de l'effectuer comme tel ; faites voir que vous avez contrôlé. **En félicitant ceux qui font bien.**	– Ne rien contrôler, ou « en cachette », et triompher lorsque vous « coincez » un fautif. S'il est fautif, c'est votre échec. Le but du contrôle : Que chacun respecte les règles !
– **Savoir déléguer, c'est savoir contrôler systématiquement.** Mais seulement l'important ; et à un rythme que vous décidez, que vous respectez même si vous n'avez pas le temps. **Il faut le prendre !**	– Tout contrôler sans cesse, et créer une paperasserie complexe et inutile. Ou, à l'opposé, se contenter de collecter les on-dit. Avoir la maîtrise de votre équipe, ce n'est pas se noyer dans les détails ou les racontars.
– **Avoir** la liste des contacts de vos vendeurs est **indispensable.** Comment les encourager, les aider, les guider sans cette connaissance ?	– Se contenter de collationner les commandes. Vous avez là les résultats de votre équipe, non son travail, ses efforts.
– **Envoyez**-leur – chaque quinzaine ? chaque mois ? – **la synthèse de leurs rapports.** Le nombre des visites, des commandes de prospects, etc. permet à chacun de se situer, soude l'équipe et la stimule.	– Les laisser dans l'ignorance, sauf une ou deux fois par an, des succès et des efforts de leurs collègues. Ils aiment savoir qu'ils ont bien fait, se comparer, et que l'équipe gagne.
– **Donnez**-leur des axes d'attaque ! Aidez vos vendeurs à avoir une vue d'ensemble de leur secteur, et déterminez avec eux ou et comment gagner.	– Constater après qu'ils ont investi temps et efforts dans une direction qui n'est pas la vôtre. Ou à tâtons, sans direction du tout !
– **Examinez** avec chacun, en tête-à-tête, **quoi faire et comment,** chez chaque client et prospect. Vos objectifs sont concrets, et crédibles. C'est long, c'est vrai ; vous n'avez pas le temps ? Il faut le prendre ! (Bis)	– Confondre objectifs et vœux pieux, en fixant sans concertation des « objectifs » perçus comme irréalistes, donc sans intérêt. C'est inutile, et même éloigne votre équipe de vous et de l'entreprise.
– **Diriger votre équipe.** « Ne rien faire, tout faire faire, ne rien laisser faire ! » (Lyautey). Vous avez le – ou du ! – savoir. Et vous savez faire, bien sûr. Ajoutez-y : **faire savoir, savoir faire faire, et savoir être.**	– Être le super-vendeur, tantôt bouche-trou, tantôt pompier, tantôt facteur de la Direction. « La force de Victor Hugo, c'est qu'il croit être Victor Hugo » (Balzac). Croyez en vous-même ! Osez bouger vos gens, c'est ce qu'ils attendent de vous.

ANNEXES

Quel argument préférez-vous ?	
Mettre une croix dans la case correspondant à votre choix	
1. A/ La preuve est faite que ces outils sont actuellement sans rivaux.	☐
B/ Voulez-vous prendre cet outil en main et me dire si on peut obtenir une meilleure finition ?	☑
2. A/ Cette tondeuse à gazon est une réussite sensationnelle du point de vue technique ; en voici les preuves...	☐
B/ Vous désirez tondre sans effort une pelouse très fournie sur un terrain en pente ; ce modèle vous le permet.	☑
3. A/ Je vous affirme que les sièges de notre voiture sont les plus confortables qui existent actuellement sur le marché.	☐
B/ Voulez-vous vous asseoir ? Vous me donnerez ensuite votre point de vue sur le confort de nos sièges.	☑
4. A/ Mon aliment pour lapins est pratiquement le même. Mais il est présenté en sacs de 5 kg. Essayez-le !	☑
B/ Mon aliment pour lapins est pratiquement le même et le prix est équivalent. Prenez-le donc chez moi !	☐
5. A un détaillant :	
A/ C'est un produit de première qualité, et d'un prix sans concurrence, vous êtes bien d'accord avec moi, M. Durand ?	☐
B/ Tous nos clients nous demandent cet article qui est préféré par les consommateurs.	☑
6. A/ Je ne me souviens pas de votre nom.	☐
B/ Vous êtes qui ?	☐
C/ Quelle est l'orthographe exacte de votre nom ?	☑
7. A/ Pour 700 Francs y compris l'installation, le meilleur rapport qualité-prix existant en antennes paraboliques aujourd'hui.	☐
B/ Voici les modèles dont nous disposons ; quant au paiement, il peut se faire en trois fois. Choisissez !	☐
C/ Vous aimez le sport, les films ; avec cette antenne vous n'en manquerez pas !	☑
8. A/ La consommation, normes UTAC et non normes CEE, est de 7,02 L à 90 km/h et de 11,7 L en cycle urbain.	☐
B/ Je ne me souviens plus de la consommation théorique, mais l'autre jour pour le trajet jusqu'à Nice, j'ai fait moins de 8 L aux 100.	☑

RÉPONSES AU QCM DE LA PAGE 68

1. « J'ai déjà un fournisseur »
 – Comment s'appelle-t-il ? ☐
 – Et vous en êtes, sûrement, très satisfait. ☑
 – C'est impossible, nous avons l'exclusivité ! ☐

2. « Chez X, j'ai la même chose et moins cher »
 – Est-ce bien le même produit ? ☐
 – La même chose ? ☑
 – Moins cher de combien ? ☐

3. « Je veux payer à 120 jours ! »
 – Bien sûr, avec plaisir ! ☐
 – 60 jours maximum, c'est la règle. ☐
 – J'allais vous suggérer de grouper vos commandes pour payer à 60 jours. ☑

4. « J'ai déjà commandé »
 – Vous avez bien raison. Voyons 3 avantages que vous offre
    notre solution :... ☑
 – Chez qui ? Combien ? ☐
 – On peut toujours annuler une commande. ☐

5. « Je veux réfléchir »
 – Bien sûr. C'est pourtant évident. Vous voyez que... ☐
 – Vous avez raison. Réfléchissons ensemble... ☑
 – À quels points, par exemple ? ☐

6. « J'ai pas d'argent »
 – Vous avez 10 % de remise, et en plus le délai de paiement maximum. ☐
 – Pourtant le prix est très intéressant. ☐
 – Nous verrons cela tout à l'heure. ☑

7. « Et pour moi personnellement, quel chèque me donnez-vous ? »
 – Désolé, c'est impossible. ☐
 – À votre nom, ou à celui d'une tierce personne ? ☐

8. « Je n'ai pas de besoin en ce moment »
 – Tant pis, je repasserai dans un mois. ☐
 – En ce moment ? ☑
 – Si vous commandez aujourd'hui, vous serez livré dans 3 mois. ☐

9. « Je tiens à être livré après demain avant 16 h »
 – Bien sûr ! Pas de problème ! ☐
 – Puis-je téléphoner pour vérifier que cela est possible ? ☑
 – Je vous l'ai dit, nous livrons sous 48 h. Vous êtes donc sûr d'être
    livré à temps. ☐

Pour le choix n° 7, votre réponse est bien sûr la bonne. C'est à vous de choisir votre politique !

CAS DE VENTE N° 1

> *Objectif : entraîner à questionner et écouter le client, afin de lui proposer le produit adapté à ses besoins.*

Remarques préliminaires

1/ Ces cas sont des ventes simples, car basés sur des produits bancaires grand public, donc déjà bien connus de vos vendeurs, même si vous exercez une activité très différente. Ils sont utilisables quel que soit votre métier. Vos vendeurs, lorsqu'ils jouent le client, s'identifient très facilement à ce rôle, et nous avons vu que jouer le rôle du client est peut-être l'aspect le plus formateur. Vous pouvez facilement concevoir bien d'autres personnages de clients, en vous inspirant de la réalité qui vous entoure.

2/ Pour aider les équipes à préparer ces ventes, demandez à votre agence une dizaine d'exemplaires des dépliants concernant les produits que vous choisissez ; le métier de la banque offre l'avantage de proposer des produits négatifs et positifs – si monsieur Client manque d'argent : un prêt ; s'il dispose de sommes en excédent : un placement. Cette caractéristique oblige à une bonne connaissance du client avant de lui offrir un produit ; proposer un crédit à un client très aisé, c'est évidemment aller à l'échec... et même risquer de vexer ce client.

3/ Un exemple de choix possibles : (Les noms de produits sont ceux du Crédit Mutuel, dont les documents « Fiche clarté » portent bien leur nom ; votre banque offre bien sûr des produits analogues).

– Produits « positifs » :   Plan épargne logement
                            Livret d'épargne

— Produit « neutre » (car peut être vendu soit comme facilité de trésorerie, de gestion des dépenses, soit comme moyen prestigieux, ou commode, de paiement) :

> Carte Bancaire Nationale.
> Eurocard Mastercard/Gold Mastercard.

— Produits « négatifs » : Crédit-Auto
« Préférence » (crédit à la consommation)

N.B. : naturellement, les équipes « Vendeurs » n'ont pas connaissance des textes des équipes « Clients ». Et inversement.

ÉQUIPE « VENDEURS »

Vous êtes au guichet de la banque X... dans une ville moyenne de l'ouest. Votre métier est d'accueillir des clients et répondre à leurs demandes ; mais aussi de vendre, notamment les produits dont vous avez la notice. Contrairement à bien des métiers de vente, vous ne savez pas qui viendra vous visiter aujourd'hui... Mais certains clients passent régulièrement et vous pouvez espérer les voir, et, peut-être, les convaincre d'acheter !

– Si Jeanne Rocher arrive, attention ! Il lui manque toujours quelque chose ! Et pour 35 F d'agios, quel drame ! C'est la pharmacienne, établie depuis 8 ou 10 ans, cliente aussi de la banque Y.. qui avait financé, à l'époque, l'achat de son officine. Votre direction n'avait pas voulu suivre, ce qui est dommage car c'est une cliente bien « accrochée » chez Y maintenant : compte commercial, terminal Carte Bancaire... Elle a chez vous son compte personnel, un Plan Épargne Logement et quelques actions.

– Peut-être verrez-vous Anne Lerouge. À peu près 35 ans, deux enfants, laborantine. C'est l'épouse de l'adjudant-chef du commissariat de police. Chez vous, ils ont un compte joint où est viré le salaire du mari, un Crédit auto et un Préférence – ce dernier portait sur 17 000 F et est terminé le mois prochain. Le compte a parfois été un peu en rouge, mais rien de grave. C'est une cliente silencieuse, calme.

– Maurice Lebeau 50 ans environ, vient tous les 15 jours. Il circule beaucoup – la dernière fois, il vous a remis un chèque sur un compte joint qu'il a avec sa femme à la banque Z... à l'autre bout de la France, vers Nice ! Peut-être son épouse, que vous n'avez jamais vue, habite-t-elle là-bas ? Il est représentant (en quoi ?) et vous savez qu'il a chez vous depuis une vingtaine d'années un compte chèque, un coffre fort, et un compte épargne en actions. Vous lui aviez vendu quelques actions qui n'ont pas été l'affaire du siècle, mais il ne semble pas vous en vouloir. Vous avez remarqué des prélèvements de cartes diverses sur son compte, mais pas de Carte Bancaire.

Mais d'autres clients seraient évidemment les bienvenus !

ÉQUIPE CLIENTS

Vous êtes Pierre François

– Vous avez 29 ans, vous êtes facteur, « préposé », dans une autre partie de la ville. Votre épouse est au guichet à la poste ; vous avez, à la poste bien sûr, un C.C.P., un livret, et un Plan Epargne Logement. Rien dans aucune banque, évidemment : que pourrait vous apporter, à vous qui êtes un si petit client, un établissement bancaire ?

– Vous venez à la banque X... vendre, si possible, un encart publicitaire dans le programme de la fête du club de football où vous entraînez les minimes. 1500 F, pour le grand modèle, et 500 F pour le petit. Et s'ils ne veulent rien savoir, vous essayerez de placer quelques carnets de tombola – 50 F le carnet de dix, vraiment pas cher quand on pense au premier prix : deux places pour la finale de la coupe à Paris, transport compris ! Et puis, c'est pour le foot, et pour les jeunes !

– Vous êtes pressé, il y a les autres magasins à voir, et la fête est dans deux semaines. Si on essaie de vous vendre quelque chose, vous n'aurez pas le temps. Mais vous seriez très agréablement surpris si on vous proposait un rendez-vous, en compagnie de votre femme – les finances, c'est elle !

Objections

– Vous savez, ma femme et moi nous sommes fonctionnaires.

– Prenez-moi d'abord quelques carnets pour la tombola du foot, on verra après.

– Les factures, les comptes, c'est ma femme qui s'en occupe.

ÉQUIPE CLIENTS

Vous êtes Jeanne Rocher

– Vous avez 40 ans, célibataire, pharmacienne ; vous avez acheté votre fond, bien situé tout près du marché, 3 000 000 F, il y a dix ans. Vos prêts sont amortis et vous commencez à gagner correctement votre vie, même si le métier n'est plus ce qu'il était. Vos distractions : les voyages ; vous allez à des congrès professionnels au moins deux fois par an, et vous partez dans un mois pour 15 jours aux U.S.A. visiter plusieurs laboratoires et deux universités.

– Vous avez deux banques. La banque Y... car c'est cet établissement qui avait, à l'époque, financé votre achat d'officine – ils étaient les moins chers ; vous y avez donc votre compte commercial, un compte épargne en actions et votre terminal Carte Bancaire. Mais chez eux, c'est toujours toute une histoire pour avoir de la monnaie ; de plus l'ancien directeur était fort agréable, alors que le nouveau est charmeur – trop, beaucoup trop pour vous qui l'évitez ! Bien sûr, vous ne parlerez pas de ces inconvénients-là à la banque X... ou vous vous rendez maintenant ; mais un de ces jours, il faudra quitter la banque Y...

– À la banque X... vous avez votre compte personnel, un Plan Epargne Logement, pour acheter un jour peut-être les murs de votre pharmacie et votre appartement situé au-dessus, et vous investissez en bourse (des actions de laboratoires, naturellement). Vous venez aujourd'hui leur demander des rouleaux de pièces de 1 F et de 20 centimes ; et, surtout, réclamer les 47 F d'agios qu'ils vous ont encore prélevés entre vente et achat en bourse. Ce n'est pas la première fois qu'avec les « jours de valeurs », comme ils disent dans leur jargon, vous avez ce genre d'ennui. C'est vraiment inadmissible, ces procédés !

Objections

– Votre banque ne m'a pas aidée quand je me suis installée ; la banque Y..., elle, m'a bien suivie.

– Je suis bien à la banque Y... ; d'ailleurs toutes les banques sont pareilles.

ÉQUIPE CLIENTS

Vous êtes Anne Lerouge

– Vous avez 38 ans, deux enfants (Pierre l'aîné en terminale, Jacques le cadet en troisième). Vous êtes mariée avec Jean, adjudant-chef au commissariat de police qui gagne 11 500 F par mois ; vous êtes vous-même laborantine au laboratoire d'analyses médicales, à 9 500 F par mois.

– Vous êtes des « consommateurs » heureux ; vos vacances sont retenues d'une année sur l'autre au Club en été et février ; vous n'avez qu'une voiture, mais c'est une belle BMW, que vous avez achetée il y a un an, une splendide occasion de 8 mois. Votre magnétoscope marche bien, mais il faudrait lui adjoindre un lecteur de DVD ; c'est comme l'ordinateur de votre fils, qui nécessite encore un accessoire de plus, paraît-il. Accessoire coûteux, bien entendu.

– Vous êtes locataire – 4 000 F par mois. Vous avez un Plan Epargne Logement à la banque Y... depuis 3 ans, de 900 F par mois ; c'est vous qui l'avez ouvert, car votre mari est encore plus « panier percé » que vous ! Vous avez à cette banque votre compte personnel, où est versé votre salaire.

– Vous venez à la banque X... où vous avez avec votre mari un compte joint où est viré son salaire, et où vous avez deux crédits en cours : l'un d'encore un an pour la voiture, l'autre presque fini pour le mobilier du salon. Vous voulez un chéquier et retirer 1 000 F, comme d'habitude. Vous ne demanderez rien d'autre, mais si l'on vous suggère quelque chose vous écouterez volontiers car vous êtes en avance.

Objections

– Je n'ai pas les moyens d'épargner.

– Avec une Carte Bancaire, je ne contrôlerai plus mes dépenses.

– Votre carte, c'est cher !

ÉQUIPE CLIENTS

Vous êtes Chantal Durand

– Vous avez 38 ans. Vous êtes mariée, vous avez trois enfants de 14, 10 et 5 ans et vous êtes « au foyer ». Votre mari, Michel, est directeur de la fabrication d'une usine proche, dans un grand groupe industriel ; il vient d'y être nommé, et c'était pour lui une belle promotion. Il se déplace beaucoup pour la liaison avec les autres sites de l'entreprise, avec sa 605 SRD Turbo. Il gagne maintenant 35 000 F par mois.

– Vous avez déménagé pour cette promotion ; vous veniez du sud de la France, et vous avez acheté une ancienne ferme qui était devenue résidence secondaire. Vous avez eu le coup de foudre car c'est très vaste et plein de charme, mais il y a beaucoup à améliorer et vous êtes devenue spécialiste de la laine de verre et du papier peint. Tout cela mange vos disponibilités, et pourtant votre petite voiture a 9 ans et elle a du mal à démarrer chaque matin.

– Vous aviez dans votre petite ville du midi un compte chèque à la banque Y... , avec un Compte épargne logement et un livret ; tout ceci a été transféré à l'agence locale. Naturellement vous avez acheté votre maison avec le Plan épargne logement et le livret, et un prêt complémentaire ; vous remboursez 9 000 F par mois. Mais alors qu'à l'ancienne agence l'accueil était chaleureux, ici personne ne dit bonjour. De plus ils vous ont convoquée « d'urgence », car ils refusaient de payer un chèque de 1 823 F (la laine de verre) parce qu'il n'y avait que 1 700 F sur votre compte... le jour où le salaire de votre mari était viré ! Bien sûr, vous ne parlerez pas volontiers de tout cela. Mais vous avez décidé d'ouvrir un compte ailleurs.

– Vous vous rendez, pour cela, à la banque X...

Objections

– Vous savez, après avoir acheté la maison, nous n'avons plus beaucoup d'argent.

– Une Carte Bancaire, je ne vois pas à quoi cela pourrait nous servir. Et c'est encore quelque chose à payer.

CAS DE VENTE N° 2

> *Objectifs :* 1/ *Entraîner à réagir positivement*
> *face à une situation conflictuelle.*
> 2/ *Entraîner à résoudre une difficulté financière.*

Remarques préliminaires

Ce cas a été conçu pour un produit industriel, une matière première. Il est néanmoins adaptable à votre métier ; pour cela partez comme nous l'avons vu du vécu, de la réalité quotidienne de vos vendeurs. Pour sa compréhension il est souhaitable de se familiariser avec un métier passionnant et difficile : la vente de la peinture carrosserie.

La peinture est, apparemment, un produit simple.

Mais la peinture qui recouvre votre automobile, pendant des années, est soumise à la pluie et au soleil, aux frimas de l'hiver et aux coups de soleil de l'été (la température de la tôle passant ainsi de – 20° à + 50° et même davantage...) et ceci sans, presque, changer de teinte ! C'est donc un produit beaucoup plus évolué que la peinture bâtiment, dont les blancs pour plafonds sont jaunâtres dès l'application. Le tarif est également, vous le devinez, différent.

Le travail du carrossier, notre client, est de réparer les chocs. Pour reprendre cette bosse sur votre aile, il doit d'abord redresser la tôle ; puis couvrir les imperfections avec du mastic, qui doit être parfaitement poncé, pour redonner la forme d'origine. Ce ponçage, soit manuel soit avec une ponceuse à disques, nécessite des abrasifs très fins. Enfin il va repeindre au pistolet votre aile, bien sûr « à la teinte » exacte de votre voiture.

Or il existe environ 12 000 (oui, douze mille !) teintes utilisées en automobile. Certaines très connues comme « blanc Meije », « bleu Ral », « rouge Villalonga », etc. ; il s'en crée presque tous les jours de nouvelles. Conséquence : s'il est possible au particulier d'acheter de la peinture prête à l'emploi, que l'on appelle de la laque, par exemple dans le tube d'un pinceau à retouches ; si quelques grands utilisateurs dont les flottes de véhicules sont monocolores achètent de grosses quantité de laque (La Gendarmerie ou l'EDF pour leurs bleus, la Poste pour son jaune...) ; si quelques très petites carrosseries travaillent encore avec de la laque, en achetant un litre pour réparer votre aile alors que 30 centilitres suffisent ; l'essentiel de la vente de peinture est de vendre non la peinture, mais les matières premières qui permettront au peintre de « fabriquer » lui-même la teinte exacte dont il a besoin. Et la quantité exacte dont il a besoin.

C'est donc un véritable système à fabriquer la peinture – produits, matériel, savoir-faire – qu'achète le peintre ; et pas simplement des pots.

La décision d'achat est longue et complexe. Trois phases sont classiquement séparées pour conquérir un client nouveau :

1/ Le vendeur « vend »... la démonstration. Que souhaite le client ? Gagner du temps ? Economiser sur ses achats de matières premières ? Une parfaite exactitude de teintes ?

Il est indispensable de le déterminer avant la démonstration : peindre une voiture complète permet certes de vérifier la quantité de produit, mais sûrement pas l'exactitude de la teinte ; au contraire, un raccord montre bien l'exactitude de la teinte, mais les quantités sont moins mesurables. Lorsque l'objectif de la démonstration est ainsi défini, il reste à fixer le rendez-vous.

2/ Le démonstrateur, équipier du vendeur, appelé dans le métier « homme-peinture », est aussi conseiller technique pour les clients. Il va alors chez ce prospect passer une journée, environ, pour prouver les avantages annoncés. Vous devinez le coût d'une démonstration de cette nature : temps passé, déplacement, ingrédients fournis...

3/ Le vendeur va alors – le lendemain ? – chiffrer les avantages pour convaincre le client de changer de marque de peinture, de rendre l'ancien matériel qui est souvent en dépôt (Le concurrent n'est pas content, vous vous en doutez. Il va donc contre-attaquer, en offrant parfois des conditions qui tirent les tarifs vers le bas, tout comme dans votre métier !). Et d'être formé soit dans une session, soit en quelques jours sur le tas, par le démonstrateur.

Nos clients les peintres sont hautement qualifiés ; ils voient par exemple des nuances de teintes que l'œil non entraîné ne perçoit même pas, et ont dans leurs doigts des trésors d'efficacité. Comme pour beaucoup d'artisans, l'amour du beau travail et la recherche d'une perfection sont liés à une fierté du métier ; dans une structure d'entreprise moyenne ils dirigent en général les tôliers et les « arpètes » – les apprentis.

ÉQUIPE « VENDEUR »

Cas « Jean MICHEL »

Vous êtes Pierre Legrand

Vendeur spécialiste en peinture de « PEINTURE ET PIÈCES AUTO », où vous avez été embauché il y a 6 mois, votre mission est de prospecter.

« PEINTURE ET PIÈCES AUTO » est une entreprise de distribution qui comporte quatre succursales, chacune sur un département. C'est le directeur, Jacques Lefort, qui vous a recruté ; lui-même est depuis deux ans à ce poste, venant d'une région lointaine. Il est très dynamique, le CA a augmenté de 30 % depuis qu'il dirige l'entreprise ; vous vous entendez très bien avec lui. Vous travaillez en équipe avec un excellent homme-peinture.

Un dépouillement d'annuaire vous a permis de découvrir, dans une sous-préfecture située à 45 km, où vous n'avez pas de client, un éventuel prospect dont l'annonce est :

« Carrosserie Michel SA – Votre spécialiste toits ouvrants et tous accessoires. »

Vous avez essayé de trouver autour de vous quelques informations supplémentaires, mais ni le chauffeur-livreur, ni votre homme-peinture, ne connaissent ce client. Aucune trace de commande, ou de vente à emporter, dans les archives de votre entreprise.

Vous avez téléphoné à Monsieur Jean Michel, que vous avez joint sans difficulté, et qui vous a accordé très facilement rendez-vous à 15 h.

ÉQUIPE « CLIENT »

Cas « Jean MICHEL »

Vous êtes Jean MICHEL

Vous êtes PDG et propriétaire très majoritaire de votre SA, familiale, « Carrosserie MICHEL SA » au capital 220 000 F. Vous avez 45 ans, marié, trois enfants. Votre femme, Geneviève, est votre « directrice financière » et vous dégage des contraintes administratives.

Vous avez bien développé la société « Carrosserie MICHEL SA » qu'avait créé votre père, il y a presque 40 ans, avec à l'époque un seul jeune compagnon, Marcel Guibert ; ce dernier vous avait « pris sous son aile » quand vous aviez, à 23 ans, intégré l'équipe. Marcel est toujours là, excellent peintre et chef d'équipe, mais votre père est décédé il y a 15 ans.

Il y a dix ans vous étiez une vingtaine de salariés et la croissance était superbe. À l'époque, on se plaignait d'avoir « trop de travail ! ». Mais vous faisiez 60 % de votre chiffre d'affaires en sous-traitance de deux belles concessions de grandes marques automobiles ; et au moment où la conjoncture est devenue très difficile, l'une s'est équipée et effectue elle-même tous ses travaux de carrosserie, et l'autre, presque en même temps, a déposé son bilan. Évidemment, dans ce dépôt de bilan vous avez perdu 350 000 F, sur un en-cours de 500 000 F ; et avec la chute du chiffre d'affaires vous avez dû licencier, 12 personnes, ce qui est très dur. Pour parer au plus urgent, vous avez vendu le terrain situé derrière votre entreprise, et même votre propre BMW et la Peugeot décapotable de votre femme, pour rouler avec la vieille R4 fourgonnette de l'entreprise.

Comme les assurances, avec leurs délais de règlement à l'infini, ne pouvaient guère améliorer votre trésorerie, vous avez cherché à toucher les automobilistes qui, eux, paient comptant. Vous vous êtes donc lancé, avec de la publicité directe, dans la pose de toits ouvrants et la réparation de pare-brise ; un collègue, pourtant autrefois un « bon copain », vous avait déclaré d'un air méprisant : « Ce n'est pas de la carrosserie, ça ! C'est du boulot pour arpètes ! ».

Après trois ans d'efforts et, comme on dit, de galère, vous avez pu retrouver un équilibre financier, puis réembaucher petit à petit...

Vous aviez, comme votre père, toujours travaillé avec « PEINTURE ET PIÈCES AUTO ». Mais quand vous avez été en difficulté, et que vous vous battiez pour rembourser vos en-cours, le directeur, après avoir été très désagréable au téléphone avec votre épouse, avait purement et simplement fermé votre compte et interdit de vous livrer : « Si vous voulez quelque chose, venez le chercher ! Avec l'argent cash ! Et sans remise ! ».

Du coup, vous avez travaillé avec « AUTO-SERVICE », qui vous avait autorisé un règlement à 30 jours. Cependant, ils sont implantés loin – pour aller chercher quelque chose, une heure et demie aller et retour ! – et ils ne passent que deux fois par semaine vous livrer ; de plus, ils n'ont pas d'homme-peinture et les teintes sont parfois un peu « à côté ». Tout cela, bien sûr, vous ne le direz pas.

Un monsieur Legrand, de « peinture et pièces auto », a demandé rendez-vous ; vous avez évidemment accepté, car, enfin, vous allez « vider votre sac ».

Mais vous avez besoin, pour demain, de vernis ; vous achetez ce produit par 50 L.

Objections

– Autrefois aussi, chez vous, on promettait tout !

– Votre nouveau directeur est aussi bon que le précédent ?

– Je me fiche du tarif, ce qui compte c'est le service, l'exactitude, la qualité du produit et l'assistance technique.

– Bien sûr, vous commencerez par dire tout ce que vous avez sur le cœur, sans laisser le vendeur dire quoi que ce soit.

ÉQUIPE « VENDEUR »

Cas « Jean MICHEL » (deuxième rencontre)

Vous êtes Pierre Legrand

Il y a maintenant deux ans que vous êtes venu voir Jean MICHEL pour la première fois. Depuis, vous avez bien travaillé avec ce client, qui vous avait pris 50 L de vernis à la première visite ; trois semaines après, vous lui aviez vendu abrasifs et papiers qu'il vous prend depuis régulièrement. Vous l'avez ensuite invité, avec un autre prospect, à une démonstration chez un de vos fidèles clients. Votre homme-peinture est allé deux jours travailler en démonstration chez eux, et s'est très bien entendu avec Marcel Guibert, le chef d'équipe. C'est après tout cela que vous avez définitivement gagné ce client.

Leurs deux peintres, que vous connaissez bien, sont venus en stage chez vous. Il a fallu « vendre » l'idée, l'un d'entre eux n'avait guère envie de s'absenter quelques jours. Mais ils sont revenus enchantés. D'ailleurs, ils vont y retourner, pour les nouvelles teintes nacrées.

Vous faites donc avec Jean MICHEL un CA de 40 000 F par mois environ. Le client paye régulièrement, par traite à 90 jours.

Vous devez passer le voir aujourd'hui, c'est la tournée normale. Mais alors que vous alliez partir, la secrétaire vous rattrape à votre voiture : la dernière traite de Jean MICHEL est impayée.

ÉQUIPE « CLIENT »

Cas « Jean MICHEL » (deuxième rencontre)

Vous êtes Jean MICHEL

Il y a deux ans que Pierre Legrand de « PEINTURE ET PIÈCES AUTO » est venu pour la première fois. Après avoir commandé 50 L de vernis, puis des matériaux (abrasifs et papiers), vous êtes passé à leur ligne de peinture. Vous travaillez quasiment en exclusivité avec lui. Vos deux peintres sont allés en formation chez eux, et vont y retourner pour les nouvelles teintes nacrées – l'époque est bien choisie, en ce moment c'est plutôt calme. Votre épouse, Geneviève, vous a d'ailleurs dit ce matin que vous étiez à la limite de votre découvert à la banque.

Pierre Legrand, que vous connaissez maintenant bien, passe sûrement aujourd'hui pour sa tournée normale. Cela tombe à pic : la CRAM vous a envoyé à la suite d'une visite une lettre recommandée, et vous ordonne d'acheter un « labo » de peinture, pour les nouvelles normes d'hygiène. C'est un investissement important, mais vous savez que « PEINTURE ET PIÈCES AUTO » en installe, et cela fera certainement plaisir à Pierre Legrand de prendre une aussi belle commande !

CAS DE VENTE N° 3

> *Objectif : Entraîner à respecter les limites du tarif face à l'objection prix utilisée par un acheteur habile.*

Remarques préliminaires

Ce cas est l'un des plus universels qui soient.

Chaque vente, chaque client, peut dans pratiquement tout métier nous soumettre au fameux « Vous êtes cher ! », avec des formes différentes. Pour vous permettre de l'adapter facilement à votre métier, ce cas ne précise ni métier, ni tarif – les baisses sont exprimées en pourcentages, ce qui d'ailleurs est le cas dans certaines ventes bien réelles. Il vous reste, comme pour les autres cas, à transposer ces situations en partant de la réalité de votre métier.

ÉQUIPE « VENDEUR »

Cas « Pierre Michu »

Vous êtes Jacques Lebeau

Vous êtes vendeur pour une entreprise sérieuse, dont la gamme de produits est de qualité. Depuis 5 ans sur ce secteur géographique que vous connaissez bien, vous vous débattez dans la conjoncture actuelle très pénible. Certes vos produits sont bons, mais ceux de la concurrence aussi ; vous vous différenciez par des services, comme une possibilité de livraison très rapide, mais les clients n'y accordent pas grande importance et ne sont pas du tout prêts à payer davantage pour autant. Et sur votre secteur sévit le concurrent X... dont la seule règle est de brader les prix ; vous devriez vendre normalement à 100, mais grâce à eux, les prix sur votre secteur sont – 5 % et même – 10 %. Il paraît même qu'ils descendent encore plus bas ! L'an dernier, toute la profession pensait bien en être débarrassée : ils devaient d'après les rumeurs déposer le bilan... Mais non, X... est toujours là ! Hélas !

Vous savez que Pierre Michu, un de vos bons clients, va passer prochainement une belle commande. Cela vous permettrait de vous rapprocher de vos objectifs ! Vous allez donc le visiter, et vous serez reçu sans difficulté, car vos relations sont excellentes – peut-être parce qu'il est lui-même un ancien de la vente ? En tout cas, c'est un client comme vous aimeriez en avoir beaucoup ! Vous êtes toujours très gentiment accueilli ; c'est pour vous un excellent agent de renseignements, qui vous transmet les coordonnées de ses collègues, lorsqu'il y a des besoins chez eux. Il vous permet même d'utiliser son nom, et de téléphoner de sa part, pour obtenir rendez-vous. Vous avez pris il y a 5 mois une belle commande à – 5 %, chez une de ses relations, dans la ville voisine. Il vous a même invité deux fois à déjeuner, très simplement, dans un petit bistro voisin... C'est plutôt rare, un client aussi « sympa » !

Vous lui vendez régulièrement trois de vos produits, en quantité modeste mais au tarif 100 ; pour ces produits-là, c'est vraiment le type même du client fidèle ! Vous avez aussi pris deux grosses commandes, sur des produits cœur de votre gamme, à – 10 %. Vous aimeriez bien faire plus, mais il y a X... et ses prix bradés. Pourvu qu'il ne soit pas encore sur cette commande-là !

ÉQUIPE « CLIENT »

Cas « Pierre Michu »

Vous êtes Pierre Michu

Vous êtes acheteur, pour des quantités moyennes dans la profession. Vous avez auparavant été un vendeur efficace, ce qui vous permet de maîtriser tous les aspects techniques de votre fonction. Comme vous êtes persuadé que, de nos jours, les gains d'une entreprise sont plus dans les achats que dans les ventes, vous avez en conséquence mis au point une stratégie d'achats qui vous semble être la meilleure.

Vous pensez que les vendeurs sont des affectifs, et donc vous les « cajolez », tous. En répétant à chacun, quel qu'il soit, que c'est en raison de votre amitié que vous lui passez commande. Ou en leur donnant les informations qu'ils aiment : vous indiquez toujours à plusieurs vendeurs les affaires à prendre chez vos confrères, et ces indications véridiques permettent à l'un ou à l'autre d'enlever la commande, et de vous être redevable. Vous aimez les recevoir merveilleusement, leur parler de leurs enfants, de leurs soucis, de leurs mérites, sans jamais leur faire un reproche personnel sur leur retard ou sur les erreurs que vous attribuez toujours « à l'ordinateur », en ajoutant : « Heureusement que vous êtes là, vous, pour arranger tout cela ! ». De temps en temps, vous savez inviter à déjeuner, dans un bistro sympathique, le vendeur dont vous aurez peut-être un jour besoin ; vous avez même prévu un petit budget pour cela !

Tout ceci vous aide à obtenir des prix imbattables, en affirmant – même si c'est faux ! – que vous avez mieux ailleurs. Vous justifiez, si besoin est, en disant : « Je ne peux pas faire autrement... Vous connaissez les contraintes auxquelles j'ai à faire face... Vous êtes du métier, vous savez ce que c'est ! »

Vous avez un besoin important, pour dans quelques semaines. Pour cette belle commande, vous avez contacté l'ensemble des fournisseurs. Vous avez déjà obtenu – 10 %, comme d'habitude ; bien des acheteurs trouveraient cela superbe... Mais avec la conjoncture actuelle, vous êtes persuadé que l'on peut obtenir mieux !

Jacques Lebeau est représentant d'un fournisseur sérieux ; lorsqu'il est arrivé sur le secteur, il y a 5 ans, vous l'aviez chaudement accueilli. Vous lui avez passé deux commandes importantes, à – 10 %, ce qui était bien car ce fournisseur ne s'aligne pas facilement. Pour être perçu comme un bon client, et continuer à être visité par Jacques Lebeau, vous lui prenez régulièrement 3 produits de sa gamme au tarif 100, sans jamais discuter : cela ne représente pour vous que de petites sommes. Vous l'avez invité deux fois à déjeuner. Comme d'habitude vous allez le recevoir cordialement ; vous penserez à lui indiquer que votre collègue, dans une ville voisine, a un besoin important ; déjà il y a cinq mois, Jacques Lebeau avait conclu chez ce collègue une belle affaire, grâce à votre information... Vous saurez le lui rappeler !

Objection

Vous n'aurez évidemment qu'une seule objection :

– J'ai déjà une offre à – 20 %, vous devinez de chez qui... et pour une aussi grosse quantité, je ne peux vraiment pas payer plus cher. Je voudrais bien vous donner la commande, vous le savez ; mais tout est tellement difficile, de nos jours...

ÉQUIPE « VENDEUR »

Cas « Pierre Michu » (deuxième rencontre)

Vous êtes Jacques Lebeau

Bien que vos relations avec Pierre Michu soient toujours au beau fixe, vous n'avez pas eu la belle commande lors de votre dernière visite. Votre chef des ventes vous a dit « En dessous de – 10%, pas question ! ». Dommage !

Le bureau vous signale que Pierre Michu a téléphoné : il veut vous voir au sujet des trois produits qu'il vous prend régulièrement au tarif 100.

ÉQUIPE « CLIENT »

Cas « Pierre Michu » (deuxième rencontre)

Vous êtes Pierre Michu

Vous aviez annoncé à Jacques Lebeau, comme à tous ses collègues, que vous aviez une offre à − 20 % pour cette belle commande. Mais cette fois, vous avez dû viser un peu trop bas : à ce tarif-là, aucun fournisseur n'a accepté ! Et, ce qui est pire, aucun ne vous rappelle.

Or si vous pensiez que vous aviez bien quelques semaines pour obtenir ces produits, un changement vient de se produire : c'est la semaine prochaine que vous devez les avoir reçus. Le délai est court, très court !

Pour vous sortir de ce guêpier, vous avez appelé Jacques Lebeau. Vous êtes certain que chez eux la quantité est disponible et qu'ils pourraient vous fournir dans le délai.

Bien sûr, pour ne pas perdre la face, vous avez demandé son passage pour les 3 produits que vous prenez régulièrement chez eux ; vous lui passerez peut-être une petite commande sur ces produits, ce n'est guère important. Vous espérez bien qu'il reparlera de lui-même de la belle commande... sinon vous serez obligé de soulever vous-même le sujet !

Vous prétexterez alors qu'il s'agit d'une autre affaire, sur laquelle vous avez pour une fois plus de possibilités, que vous aimeriez justement lui passer commande par amitié... Surtout s'il « fait un geste ! ».

Mais ce qu'il vous faut, c'est cette maudite commande, et vite !